Philip Streit

Wilde Jahre – gelassen und positiv durch die Pubertät

Philip Streit

Wilde Jahre – gelassen und positiv durch die Pubertät

Ein Leitfaden für Eltern

Mit einem Vorwort von Martin Seligman

KREUZ

Für Simon, der maßgeblich mitgeholfen hat,
Pubertät als positive Herausforderung zu erleben.

Für Brigitte, ohne deren Liebe und Rückhalt
dieses Buch nicht zustande gekommen wäre.

MIX
Papier aus verantwor-
tungsvollen Quellen
FSC® C083411

© KREUZ VERLAG
in der Verlag Herder GmbH, Freiburg im Breisgau 2014
Alle Rechte vorbehalten
www.kreuz-verlag.de

Umschlaggestaltung: Vogelsang Design
Umschlagmotive: © auremar – fotolia.com

Satz: de·te·pe, Aalen
Herstellung: CPI books GmbH, Leck

Printed in Germany

ISBN 978-3-451-61199-5

Inhalt

Vorwort

Nun haben wir endlich das erste Buch, das sich für ein positives Modell der Pubertät einsetzt. Philip Streit macht sehr überzeugend deutlich, warum wir das bisher gültige Defizitmodell der Pubertät aufgeben können, und er gibt insbesondere den betroffenen Eltern wertvolle Hilfestellungen, wie sie ihrem Teenager helfen können, sich in diesen Jahren wohl zu fühlen, sich zu engagieren, Beziehungen zu pflegen, dem Leben einen Sinn zu geben und die anstehenden Aufgaben und Anforderungen zu bewältigen. Philip Streit gibt allen Eltern und Erziehenden fachlich fundierte und gut verständliche Anleitung, wie sie mit schwierigen Teenagern gemäß dem Modell der Positiven Psychologie umgehen können. Dieses Buch ist ein wichtiger Schritt zu einem positiven Modell lebenslanger Entwicklung.

Üblicherweise betrachtete die Psychologie die Teenager-Jahre unter dem Gesichtspunkt der Pathologie: als eine Zeit der Probleme, des »Sturm und Drang«, voller Anspruchsdenken, als wilde, verrückte und insgesamt desorganisierte Jahre. Diese negative Sichtweise der Entwicklung ist typisch für die traditionelle Psychotherapie. Das ist verständlich, denn sie hat sich aus dem Versuch heraus entwickelt, direkten Einfluss auf Krankheiten nehmen zu wollen, hatte also nicht das positive Ziel im Blick, Wohlbefinden zu fördern. Seit Siegmund Freud hat sich die Überzeugung etabliert, dass geistige Gesundheit einfach die Abwesenheit von geistiger Krankheit bedeutet. Freud folgte damit Arthur Schopenhauer (1788–1860). Beide glaubten, dass Glücklichsein eine Illusion sei: das beste, worauf Menschen jemals hoffen könnten, sei die Verringerung ihres Elends und ihres Leidens. Lassen Sie uns hier keinen Zweifel aufkommen: traditionelle Psychotherapie ist nicht darauf angelegt, Wohlbefinden zu erzeugen, sie ist angelegt darauf, unser Elend zu vermindern – was selbstverständlich keine einfache Aufgabe darstellt.

Im Gegensatz dazu betrachtet die Positive Psychologie geistige Gesundheit nicht lediglich als die Abwesenheit von Leiden. Menschen, gleich welchen Alters, sind gesund, wenn sie stattdessen über eine positive Emotionalität verfügen (engl. Positive emotion), sich im Leben engagieren (engl. Engagement), gute Beziehungen pflegen (engl. good Relationships), ihrem Leben Sinn zu geben verstehen (engl. Meaning) und die Aufgaben des Alltags zu bewältigen verstehen (engl. Accomplishment). Ich habe für diese fünf Faktoren ein Akronym eingeführt: PERMA. Damit wollte ich zu Ausdruck bringen, dass geistig gesund zu sein nicht nur die Abwesenheit von psychischen Störungen bedeutet, sondern das Vorhandensein dieser positiven Eigenschaften, und diese führen dann zum »Aufblühen« junger Menschen, zum »Flourshing«. Die Teenager-Jahre sollten auch unter diesem Gesichtspunkt betrachtet werden: Nicht als Wegmachen oder Vermindern von Desorganisation und Elend, sondern als eine Entwicklung hin zum Aufblühen (Flourishing).

Prof. Dr. Martin Seligman, University of Pennsylvania
Philadelphia, im April 2014

Danksagung

Als allererstes danke ich derjenigen Person, die es mir ermöglicht hat, meine positive Grundstimmung zu bewahren, meiner Ehefrau Dr. Brigitte Streit-Emberger. Sie hat mir wie immer Rückhalt gegeben, mich ermutigt und ist zu mir gestanden.

Der zweite ganz besondere Dank gilt meinem Sohn Simon und meinem Schwager Christian Emberger. Meinem 26-jährigen Sohn habe ich die Herausforderung Pubertät zu verdanken und deren positive Bewältigung. Meinem Schwager Christian danke ich für seinen unermüdlichen Beistand und für viele gute Ideen zum Thema Sinn. Die Interviews mit beiden in Vorbereitung für das Buch waren inspirierend und fantastisch zugleich.

Wahrlich über ihre Grenzen gehen mussten auch meine Mitarbeiterinnen und Kolleginnen im Institut für Positive Psychologie und Mental Coaching.

Ein besonderer Dank gilt Frau Claudia Kraus, die unermüdlich getippt, Version um Version korrigiert und klar und strukturierend gedacht hat. Ferner danke ich Frau Alexandra Tendl, Frau Bettina Lackner, Herrn Johannes Jaunig, Michael Wohlkönig und Frau Daniela Hofer, die mich in vielen Gesprächen während der Vorbereitung auf dieses Buch begleitet haben.

Speziell danken möchte ich auch Herrn Markus Russegger. Er ist einer, der weiß, wie man Bücher schreibt. Seine Rückmeldungen und seine redaktionellen Anmerkungen haben mir viel Mut gemacht.

Den inhaltlichen Feinschliff verdanke ich unter anderem Frau Dr. Andrea Lienhart, die mit mir ganz zum Schluss das Manuskript noch einmal bearbeitet hat.

Nicht zuletzt danke ich auch allen Mitarbeiterinnen und Mitarbeitern des Instituts für Kind, Jugend und Familie. Ohne ihre Arbeit mit zahllosen Kindern und Jugendlichen, ohne ihre Unterstützung und ohne ihre Aufmunterung wäre dieses Buch nicht weder seinem Inhalt noch seiner Form nach möglich gewesen.

Danken möchte ich auch meinen Ideengebern für dieses Buch. Zu allererst dem Begründer der Positiven Psychologie, Herrn Professor Dr. Martin Seligman. Dieser hat 2011 in Heidelberg zu mir gesagt, ich müsse ein Buch schreiben, dies ist nun das Ergebnis. Dankeschön.

Des Weiteren möchte ich Herrn Professor Dr. Richard Lerner danken, dessen Buch »The Good Teen« mich sehr inspiriert hat.

Herrn Professor Dr. Joachim Bauer und Herrn Professor Dr. Gerald Hüther möchte ich im Speziellen für ihre immer anregende Arbeit danken. Und auch für die Gespräche, die ich mit ihnen führen durfte, bedanke ich mich. Ihr kooperativer Ansatz und ihre Begeisterung für die jugendliche Entwicklung haben mich sehr motiviert, dran zu bleiben.

Entscheidende Inspirationen für dieses Buch gab mir Prof. Dr. Daniel Siegel. Seine Literaturhinweise und die Gespräche mit ihm ließen mich erst so richtig verstehen, was Pubertät und Adolenszenz sind: Der notwendige und genetisch bestimmte Umbauprozess des Gehirns, ein phantastischer Integrationsprozess, damit Menschen und die Menschheit miteinander aufblühen und füreinander da sein können. Danke dafür!

Ein besonderer Dank gilt auch Herrn Professor Dr. Haim Omer. Seinen Ansatz der neuen Autorität schätze ich ganz besonders. Wir wenden ihn an unserem Institut tagtäglich routinemäßig an. Haim ist es zu verdanken, dass ich das Wagnis begonnen habe, Positive Psychologie mit neuer Autorität zu verbinden. Ich bin stolz, es ihm präsentieren zu können.

Nicht zuletzt möchte ich dem Verlag und insbesondere meinem Lektor Herrn Raab danken, dass dieses Buch Wirklichkeit geworden ist.

Philip Streit im April 2014

Einleitung

Dieses Buch versucht in mehrerlei Hinsicht etwas Neues. Es ist eine Absage an das immer noch vorherrschende Defizitmodell im Umgang mit Pubertät und Adoleszenz. In diesem Buch wird behauptet, dass Pubertät und Adoleszenz unserer jungen Menschen keine Krise sind, sondern eine große Chance. Und es wird behauptet, dass sie um nichts anders ist als die übrigen Entwicklungsphasen von Kindern und Jugendlichen.

Zweitens stellt dieses Buch das Positive in den Vordergrund. Es versucht auf systematische Weise zu zeigen, wie positive Gefühle, positive Handlungen, Optimismus und positive Projekte, Jugendliche aufblühen lassen können und dazu beitragen, dass ihre Entwicklung gelingt und sie wertvolle Mitglieder unserer Gesellschaft werden. Dafür werden zwei theoretische Ansätze angewendet: die Positive Psychologie nach Professor Dr. Martin Seligman und das Modell Positiver Jugendentwicklung nach Professor Dr. Richard Lerner. Dieses Buch soll vor allem Eltern helfen, sich selbst positiv in ihrer Erziehungsrolle wahrzunehmen und stark und souverän zu handeln.

Daraus ergibt sich der dritte grundlegende Beitrag. Das Buch versucht in allgemein verständlicher Weise und sehr praxisorientiert das Konzept der Neuen Autorität Haim Omers verbunden mit dem Konzept der Positiven Psychologie darzustellen. Damit werden auch, und darauf bin ich stolz, 20 Jahre Arbeit am Grazer Institut für Kind, Jugend und Familie widergespiegelt.

Viertens ist dieses Buch weitgehend in Dialogform abgefasst. Ich habe diese Form gewählt, weil sie meines Erachtens am besten die Intensität zahlloser Diskussionen über die Pubertät von Jugendlichen und das Engagement nachfühlen lässt.

Wie ist dieses Buch nun aufgebaut?

Kapitel 1 setzt sich kritisch damit auseinander, wie die Defizitorientierung im Umgang mit Heranwachsenden und Pubertierenden überhaupt entstehen konnte und bringt das Konzept einer positiven Jugendentwicklung auf den Plan. Ihr Teenager wird als Hoffnungsträger und nicht als Krisenmagnet vorgestellt.

In Kapitel 2 wird anhand von Fallgeschichten dargestellt, was in der Pubertät und Adoleszenz hormonell, neurobiologisch, emotional und kognitiv abläuft. Das jugendliche Gehirn wird als positive, plastische und sich entwickelnde Baustelle vorgestellt.

Kapitel 3 erläutert ausgehend von Fallgeschichten das Modell Positiver Jugendentwicklung. Dort lernen wir die 5 C's von Richard Lerner und die »Großen 3« in der Erziehung kennen. Danach wird ein konkretes Modell vorgestellt wie Jugendliche aufblühen können, nämlich das PERMA-Modell von Martin Seligman.

Zuvor gibt es eine kurze Einführung in das Konzept der Positiven Psychologie.

Ab jetzt wird es immer konkreter für Eltern. Die folgenden sechs Kapitel schließen jeweils mit konkreten Tipps für Eltern, für den Umgang mit Heranwachsenden und für den Heranwachsenden selbst ab.

Das Kapitel 4 beschäftigt sich mit der Macht der Gefühle. Barbara Fredricksons Theorie »Broaden and Built« wird vorgestellt. Die Bedeutung des Verhältnisses von positiven zu negativen Gefühlen im Erleben wird erarbeitet und daraus werden konkrete Vorschläge für die Praxis abgeleitet.

In Kapitel 5 wird ausgehend von Csíkszentmihályi's faszinierender Arbeit vorgestellt, wie Flow, das Gefühl des völligen Aufgehens in einem Ziel, in einer Tätigkeit, entstehen kann und welche Rolle dabei persönliche, individuelle Charakterstärken spielen. Konkrete Tipps finden sich wieder am Ende des Kapitels.

Das Kapitel 6 beschäftigt sich mit einem der ganz zentralen Faktoren für jugendliches Aufblühen. Ausgehend von einem Modell, dass der Mensch ein kooperatives und soziales Wesen ist, wird dargestellt, wie und warum soziale Beziehungen entscheidende Voraussetzungen für jugendliches Aufblühen sind. Am Ende des Kapitels finden Sie wiederum praktische Tipps.

Kapitel 7 beschäftigt sich mit dem Thema jugendlichen Aufblühens durch Sinnfindung. Sinn wird vorgestellt als Hingabe an eine Aufgabe oder ein Projekt, das etwas größer ist als das eigene Ich. Verschiedene Formen der Sinnfindung für Jugendliche werden vorgestellt. Die Tipps verdeutlichen, wie persönlich sinnvolle Projekte entwickelt werden können.

In Kapitel 8 sind Leistungserbringung und jugendliches Aufblühen das Thema. Ausgehend von der Selbstbestimmungstheorie von Edward Deci werden die psychologischen Grundbedürfnisse »Kompetenz«, »Soziale Beziehung« und »Autonomie« vorgestellt und Bedingungen beleuchtet, wie junge Menschen erfolgreich sein können. Das Konzept der Begeisterung wird beschrieben. Tipps wieder am Ende des Kapitels.

Kapitel 9 beschäftigt sich schlussendlich mit dem Thema »echte Probleme.« Es werden anhand von Fallbeispielen problematische Verhaltensweisen vorgestellt, die deutlich jenseits einer kritischen Grenze liegen. Haim Omers Konzept der Neuen Autorität wird praktisch und anschaulich vorgestellt und mit positiv-psychologischen Ansätzen verbunden. Ein Instrumentarium nicht nur zum Umgang mit hoch schwierigem Verhalten wird dargestellt.

Eine umfangreiche Literaturliste können Sie über die Homepage www.seligmaneurope.com anfordern.

Weitere nützliche Links sind folgende:

www.akjf.at

www.ippm.at

www.authentichappiness.com

www.charakterstaerken.org

www.dach-pp.eu

Am Ende des Buches finden Sie Anregungen zum Weiterlesen.

Das Buch ist so abgefasst, dass Sie jedes Kapitel für sich einzeln lesen können. Die Zusammenfassungen bei den ersten drei Kapiteln geben einen schnellen Überblick. Die Tipps in den anderen Kapiteln fördern den Einstieg in den praktischen Alltag. So können Sie zum Beispiel auch mit den Tipps anfangen und langsam Stück für Stück auch die Querverbindungen entdecken.

Ich hoffe, dass Sie an den konkreten und anschaulich gestalteten Dialogen aus der Arbeit mit Jugendlichen Gefallen finden und wünsche Ihnen viel Spaß beim Lesen.

1. Kapitel

Mythos Pubertät: Eine neue Sichtweise der jugendlichen Entwicklung

Elternrunde am Institut für Kind, Jugend und Familie. Seit Jahren gibt es dieses Angebot an Österreichs wohl größtem ambulanten Therapiezentrum für Kinder, Jugend und Eltern. Jeden zweiten Dienstag kommen Eltern, Psychologinnen und Psychologen des Instituts zusammen, um sich über Fragen der Erziehung und den bestmöglichen Umgang sowohl mit Kindern als auch mit Jugendlichen auszutauschen. Der Ablauf am Institut unterscheidet sich aber von anderen ähnlichen Einrichtungen. Statt Fragen zu beantworten und Ratschläge zu geben, sind die Psychologinnen und Psychologen des Instituts zu allererst einmal geduldige Zuhörer. Die Geschichten der Eltern sollen Platz haben.

Heute ist in der Elternrunde das Thema Pubertät an der Reihe. Wolfgang und Gloria, beide sehr erfahrene Fachleute, beginnen den Abend mit der Frage: »Was fällt Ihnen zum Wort Pubertät ein?«

»Geschlechtsreife und erste Liebe, Schmetterlinge im Bauch«, beginnt Sarah, eine junge Mutter.

Alexandra, eine junge Lehrerin, fährt fort: »Das ist die Zeit, in der Unordnung im Zimmer und im Kopf herrscht. Da weißt du nicht mehr, wo vorne und hinten ist.«

Fred, ein Techniker und Baumaschinenhändler, ergänzt: »Ja, das ist die Zeit der ersten Alkohol- und Zigarettenexperimente.«

»Und hoffentlich wohl nicht die Zeit der ersten Drogenerfahrungen«, sagt Michaela, eine junge Beamtin.

16

Aber eines ist für Josef, den Rechtsanwalt unumstößlich: »Sie verlieren plötzlich die Orientierung und das, was sie zu tun haben, aus den Augen. Die Schule und wichtige Aufgaben werden vernachlässigt, am Abend und in der Nacht werden sie dann aktiv.«

»Weggehen wollen sie, und uns nicht sagen, wo sie sind. Oder endlos auf Facebook hin und her schreiben. Am Morgen sind sie dann natürlich unausgeschlafen und haben keine Lust, in die Schule zu gehen«, so Astrid.

Jetzt kommt auch wieder Sarah in Fahrt. »Wenn du sie fragst, ob sie jetzt was zu tun hätten, geben sie dir keine Antwort. Wenn du sie bittest, etwas zu tun, verweigern sie.«

»Ja, sie verwenden deftige Ausdrücke. Ich weiß nicht, woher sie das haben, bei uns haben sie das nicht gelernt«, ergänzt Fred. »Ja, und oft kommen diese Schimpfwörter ganz ordinär, wie zum Beispiel ›Was willst du, Alter‹ oder sogar ›Fick dich‹. Das ist ganz schön stressig und kaum auszuhalten. Dazu kommt noch, dass nichts mehr heilig ist. Kein gemeinsames Essen mehr, stattdessen Essen vor dem Fernseher oder dem Computer. Böse Worte den jüngeren Geschwistern gegenüber gehören ebenfalls zum Programm«, sagt Astrid, eine erfahrene Physiotherapeutin. »Und was die dann alles wollen, blaue Haare, ein Piercing, eine Tätowierung, aussehen wie ein verrückter DJ, davor fürchte ich mich«, ergänzt Annette.

Gloria und Wolfgang haben alle Hände voll zu tun. Eigentlich wollten sie mit ihrer Frage eine sachliche, eher positive Diskussion über Pubertät initiieren, aber die Problemlawine rollt. Statt dagegen zu reden, hören Gloria und Wolfgang aber weiter aufmerksam zu und stellen die nächste Frage: »Was glauben Sie, wird in der Pubertät auf Sie zukommen?« »Schwere Zeiten«, beginnt wieder Astrid, »nichts wird mehr so sein wie früher. Die Beziehung wird schwieriger, im schlimmsten Fall geht sie ganz verloren.«

»Sie wenden sich von den Eltern ab hin zu ihren Gleichaltrigen, ich glaub den sogenannten Peers, dann reden sie nur mehr mit denen und geraten in falsche Kreise«, ergänzt wieder Fred.

»Rauchen, Trinken, Herumstreunen. Sie wollen nichts tun, ich habe das erlebt bei der Tochter meiner Bekannten. Hoffentlich wird das bei uns nicht so, ich war ja auch nicht ganz einfach in meiner Jugendzeit, aber bei uns war das noch anders.« »Man kann dagegen eh nichts tun«, sagt Astrid, »da müssen wir wohl durch. Einen anderen Weg durch die Pubertät gibt es nicht, habe ich gehört, aber es wird wohl ein gutes Ende nehmen, hoffe ich zumindest.«

»Ich weiß nicht«, entgegnet Fred, »ich weiß manchmal schon nicht mehr, was ich tun soll, und zudem habe ich schon bei meinen Verwandten erlebt, dass sie rat- und hilflos waren, aufgrund des Verhaltens ihrer Tochter. Die sagen, die Pubertät sei die reinste Hölle.«

»Aber wenn nichts mehr weiter geht«, so Michaela, »dann haben wir wenigstens noch Sie. Sie werden schon wissen, was richtig ist.« Michaela fragt weiter: »Was glauben Sie denn, was sinnvoll wäre? Haben Sie Tipps und Tricks mit denen wir verhindern können, dass dies alles passiert? Damit unsere Teenager sicher und unbeschadet durch die Pubertät kommen? Dass sie trotz aller Widrigkeiten ihre Schule fertig machen oder einen Beruf lernen und glückliche Menschen werden? Wir brauchen Tipps und Tricks, wie die Pubertätsprobleme möglichst klein gehalten werden. Vorschläge für den richtigen Umgang und die richtigen Konsequenzen, damit wir sie wieder in gute Bahnen lenken können. Ein paar Flausen und Probleme dürfen ja sein, aber dann sollen sie schnell wieder zur Ruhe kommen und ihren Aufgaben nachkommen. Dass es Probleme geben muss verstehen wir ja, aber zu viel, das wäre schon sehr anstrengend.«

Gloria und Wolfgang sind gar nicht verwundert über die Aussagen der Eltern. Es ist nicht ihre erste Diskussion über dieses Thema. Dies sind verständliche Haltungen und Sorgen von Eltern.

Aber warum wird die Pubertät so negativ gesehen? In den am Institut geführten Jugendgruppen oder bei den Jugendtreffen der Stadt Graz, wo Institutspsychologinnen und –Psychologen mit dabei sind, hören sie von Jugendlichen oft ganz anderes als Stress und Probleme.

Was erwarten Jugendliche, Mädchen und Jungen von ihrer Jugend bis hin zum Erwachsenenalter?

»Interessant ist zunächst, dass die meisten etwas wollen«, stellt Gloria fest. »Sie wollen gut in ihrem Sport sein, sei es Fußball, Volleyball oder bei Mädchen auch oft Tanzen. Sie wollen hübsch und schick aussehen. Nur haben sie davon eigene Vorstellungen, die nicht immer deckungsgleich mit denen ihrer Eltern sind. Sie wollen Entdeckungen und Erfahrungen machen, sie wollen etwas erreichen. Überraschend viele Jugendliche haben eigentlich ganz klare Vorstellungen von ihren Ausbildungs- und Berufszielen. Jugendliche wollen jemanden kennenlernen, sei es beim Fortgehen oder in einem Klub. Jugendliche sehnen sich nach Zusammenschluss, nach Anerkennung. Sie wollen Freunde haben und dazu gehören. Facebook und die neuen Medien würden ihnen dabei helfen, berichten sie in zahllosen Gesprächen, ganz entgegen unseren erwachsenen Negativismen und Befürchtungen. Jugendliche wollen etwas erreichen, das außergewöhnlich ist. Sie wollen, dass ihre eigene Leistung anerkannt wird. Jungs sind oft stolz darauf, in einem Computeronlinespiel ein exorbitant hohes Level erreicht zu haben oder mit außerirdischen und futuristischen Wörtern um sich werfen zu können, von denen ihre Eltern nicht die leiseste Ahnung haben. Mädchen, aber auch Jungs freuen sich über die steigende Anzahl von Freundschaften in den sozialen Medien wie Facebook, dabei zu sein bei einer Party, und sie wollen oft länger weg bleiben. Auch das hören wir immer wieder, sie wollen auch ihre Eltern und deren

Rückhalt. Unsere jungen Menschen – das können wir aus zahlreichen Gesprächen bestätigen – wollen eine gute Beziehung zu ihren Eltern, aber sie wollen auch etwas ausprobieren, etwas erleben und sich die Welt ansehen. Sie wollen, dass ihre Eltern ihnen etwas zutrauen.«

»Gewiss, aber manche wollen wirklich gar nichts. Sie ziehen sich zurück oder sie schlagen in sinnloser Wut und Aggression um sich«, entgegnen einige Eltern. »Wie ist es mit denen«?

Gloria und Wolfgang können eine erfreuliche Antwort geben. »Eigentlich haben wir in unserer langjährigen Arbeit noch kein Kind, noch keinen Jugendlichen kennengelernt, der nichts wollte. Auch solche Jugendliche, die eindeutig psychische Probleme haben, wollen etwas. Solche, die sich zurückziehen, wollen entdeckt werden, solche, die wütend rumschreien oder mit Gegenständen werfen, wollen gehört werden, solche, die sich selbst etwas antun oder sich gar selbst verletzen, wollen beruhigt und umarmt werden. Gewiss, die Zusammenhänge sind manchmal schwierig, aber grundsätzlich geht es immer um tiefe, emotionale oder gefühlsmäßige Wünsche von Jugendlichen, und diese wollen sie erfüllt haben.«

Woher kommt der Negativismus und die Defizitorientierung, die der Pubertät und der Adoleszenz angelastet werden? Lassen Sie uns einen Blick auf die Geschichte der Jugend und auch der Entwicklungspsychologie in Bezug auf die Adoleszenz machen.

Wie ich schon in meinem Buch »Jugendkult, Gewalt« ausgeführt habe, ist der Begriff Jugend seit jeher mit einem negativen Vorzeichen behaftet. Schon Sokrates betrachtete diese Entwicklungsphase als sehr kritisch. »*Die Jugend von heute liebt den Luxus, hat schlechte Manieren und verachtet die Autorität, sie widerspricht ihren Eltern, legt die Beine übereinander und tyrannisiert ihre Lehrer.*«

Auch der große Shakespeare empfand die Zeit zwischen dem 10. und 23. Lebensjahr als eine entbehrliche Zeit und er wünschte sich, sie würde den jungen Menschen erspart bleiben. »*Ich wollte es gäbe kein Alter zwischen 10 und 23, oder die jungen Leute verschliefen die ganze Zeit, denn dazwischen ist nichts als den Dirnen Kinder schaffen, die Alten ärgern, stehlen und balgen.*«

Sie können in der Jugend-Kulturgeschichte blicken, wohin Sie wollen. Sturm und Drang bezeichnen immer die Phase der Jugend oder der Adoleszenz.

Wissenschaftlich scheinbar zementiert hat das sogenannte Defizitmodell der Adoleszenz der Begründer der ersten Entwicklungstheorie der Pubertät, der amerikanische Psychologe Stanley Hall. Für ihn ist Jugend und Pubertät eine sogenannte Sturm- und Stressphase, die aufgrund biologischer und genetischer Bedingungen unvermeidbar durchlaufen werden muss.

Psychologen und Psychoanalytiker wie die berühmte Anna Freud sehen das ähnlich. Für Anna Freud ist die Pubertät die natürliche Schizophrenie des jungen Menschen. Sie führt aus: »*Der Jugendliche ist gleichzeitig im stärksten Maße egoistisch, betrachtet sich selbst als den Mittelpunkt der Welt, auf dem das ganze eigene Interesse konzentriert ist, und ist doch wie nie wieder im späteren Leben opferfähig und zur Hingabe bereit. Er formt die leidenschaftlichsten Liebesbeziehungen, bricht sie aber ebenso unvermittelt ab, wie er sie begonnen hat. Er wechselt zwischen begeisterndem Anschluss an die Gemeinschaft und unüberwindlichem Hang nach Einsamkeit, zwischen blinder Unterwerfung unter einen selbst gewählten Führer und trotziger Auflehnung gegen alle und jede Autorität. Er ist eigennützig und materiell gesinnt und gleichzeitig von hohem Idealismus erfüllt. Er ist asketisch mit plötzlichen Durchbrüchen und primitivsten Triebbefriedigungen. Er benimmt sich zuweilen grob und rücksichtslos gegen seine Nächsten und ist dabei selbst aufs äußerste empfindlich, wenn er sich gekränkt fühlt. Seine Stim-*

mung schwankt von leichtsinnigem Optimismus zum tiefsten Weltschmerz, seine Einstellung zur Arbeit schwankt zwischen unermüdlichem Enthusiasmus und dumpfer Trägheit und Interesselosigkeit.« Für Anna Freud ist Adoleszenz krisenhafte Entwicklung im Rahmen der gesamten psychosexuellen Entwicklung.

Auch der berühmte amerikanische Psychologe Erik Erikson stellt die Pubertät und nicht nur diese Entwicklungsphase als psychosoziale Krise dar. In der Pubertät gerieten junge Menschen notwendigerweise in eine sogenannte Identitätskonfusion. Dieses Defizit sei auszubalancieren, indem man seine Ich-Identität entwickle. So verdienstvoll Eriksons Ansätze sein mögen, er sieht jugendliche Entwicklung im Licht von Aufruhr und Krise.

Die Betrachtung des jungen, pubertären, adoleszenten Menschen als ein defizitäres, unfertiges Wesen, das notwendigerweise Sturm, Drang und den Erwachsenen Stress verursache, bestimmt bis heute die Diskussion darüber, was sich wie in der Pubertät abspielt und wie vorzugehen sei. Ein pubertierender Jugendlicher treibt Eltern in die Krise und damit in die Hölle. Deswegen brauchten Eltern Tipps, um zu überleben und dieser Hölle zu entrinnen.

Schauen wir mal auf die aktuellen Erziehungsratgeber zum Thema Pubertät. Negativ klingende Titel wie »Überlebenstraining für Eltern«, »Neue Tipps, um durch die Krise zu kommen« oder ähnlich lautende dominieren bis auf wenige Ausnahmen die Ratgeberlandschaft. Was tun?

Welches Bild haben wir von sogenannten »guten Jugendlichen«? Keine Schwierigkeiten zuhause, keine Schulprobleme, kein Rauchen, Trinken oder Drogen, kein riskantes Verhalten, kein Verletzen von Normen und Gesetzen, keine Störungen und kein Kontakt mit schlechter Gesellschaft.

Dieses negative Bild des Jugendlichen drängt sich fast zwingend auf, streift man durch die vorhandene Ratgeberliteratur und ist das ernüchternde Ergebnis vieler Diskussionen, wie eingangs in diesem Kapitel beschrieben.

Oder werfen wir einen Blick auf die zahlreichen Präventionsprogramme wie Suchtprävention, Mobbing- Prävention, Drogenprävention, Gewaltprävention und so weiter. Da werden hunderte Millionen Euro investiert, um Probleme zu verhindern und Defizite zu reduzieren.

So wichtig Präventionsprogramme sein mögen, wenn wir wissen was zu verhindern ist, wissen wir noch lange nicht, was zu tun ist, damit erfolgreiche Entwicklung gewährleistet ist. Und um das geht es eigentlich.

Wir wollen Jugendliche, die erfolgreich sind, die sich positiv in die Gesellschaft einbringen, die sich verwirklichen und mit anderen umgehen können. Wie soll dies gelingen in Anbetracht der gewaltigen Defizite, die Jugendliche anscheinend haben?

Szenenwechsel: Los Angeles, 3. Internationaler Kongress Positive Psychologie, Juni 2013.

Richard Lerner, einer der großen Entwicklungspsychologen unserer Zeit, hat seinen Auftritt. Sein Thema: »Positive Jugendentwicklung – Theorie, Forschung und Anwendung.« »Wieder einer dieser ›positiven‹ amerikanischen Vorträge«, denke ich mir. Aber Richard Lerner lässt mich aufhorchen. Er betont, dass die meisten Jugendlichen *keine* stürmische Jugendperiode erleben. Weitere Aussagen von ihm ziehen meine Aufmerksamkeit magisch an. Wie zum Beispiel: »*Obwohl Jugendliche vermehrt Zeit mit Gleichaltrigen verbringen, schätzen sie doch die Beziehung zu ihren Eltern außerordentlich.*«

Oder: »*Jugendliche haben zentrale Werte über das Leben (z. B. soziale Gerechtigkeit, Stellenwert der Ausbildung), die mit den zentralen Werten ihrer Eltern übereinstimmen.*«

Und: »*Jugendliche suchen sich Freunde, die ähnliche Werte wie sie selbst haben.*«

Beachtlich dabei ist, dass all diese Aussagen von Richard Lerner wissenschaftlich belegt werden. Lerner hat in der 4-H-Studie (eine großangelegte amerikanische Studie zur Jugendentwicklung) über ein Jahrzehnt Tausende amerikanischer Jugendlicher und ihre Familien untersucht, aus den verschiedensten Schichten, aus den verschiedensten Kulturkreisen. »Naja, doch amerikanisch«, könnte man einwenden. »Wie immer zu optimistisch, zu positiv, zu schönfärberisch.«

Aber dann erinnere ich mich in der Pause nach dem Referat im Gespräch mit Kollegen und Kolleginnen unseres Instituts an die eigene, ja doch nun auch schon zwei Jahrzehnte lang dauernde Erfahrung mit Kindern, Jugendlichen und Familien.

Wer von den Jugendlichen kommt ans Institut für Kind, Jugend und Familie? Hochgerechnet maximal fünf Prozent aller Jugendlichen, die es in Graz und in der Steiermark gibt. Was ist mit den anderen 95 Prozent? Wie lösen diese Jugendlichen ihre Probleme?

Oder um wieder Richard Lerner zu zitieren: Es gibt in Amerika 20 Millionen weibliche Teenager. Eine Million davon wird frühzeitig schwanger. Was ist mit den 19 Millionen, die nicht schwanger werden?

Die Erfahrung an unserem Institut für Kind, Jugend und Familie zeigt: Viele Jugendliche, die schwerwiegende Probleme in der Familie haben, hatten diese schon von Beginn der Kindheit an oder sogar schon früher. Andere Jugendliche mit ähnlich gravierenden Problemen in der Kindheit entwickeln sich ab dem 13. Lebensjahr völlig unauffällig, so wie beispielsweise Patrick. Nun stellt sich die Frage, wie dies gelungen ist.

Patrick war als fünf bis sechsjähriges Kind wie ein Gummiball, er konnte nicht aufhören zu laufen, er war immer missmutig und unzufrieden. War er bei einem Spiel nicht der Erste, resultierte daraus fast zwangsläufig ein Tobsuchtsanfall.

In der Schule konnte er nicht sitzen bleiben, er lief zwischen den Bänken hin und her. Tatsächlich wurde bei Patrick von manchen Stellen Hyperaktivität auch diagnostiziert.

Wir begannen ein über drei Jahre dauerndes Therapieprogramm, bei dem sowohl die Eltern als auch Patrick begleitet wurden. Das entscheidende daran war aber, dass die Eltern und Patrick gemeinsam mit anderen Eltern in einer Gruppe Verhaltensweisen zum besseren Umgang miteinander ausprobieren konnten.

Mit 11 Jahren, also genau zu Beginn der Pubertät, wurde die Therapie mit Patrick beendet. Ich hörte noch einmal von ihm im Alter von 12,5 Jahren, als es in der Schule einen kleinen Zwischenfall gab, und dann noch einmal, als er mit sehr gutem Erfolg seine Pflichtschule abgeschlossen hatte. Heute ist Patrick 23 Jahre alt und ein erfolgreicher technischer Angestellter.

Diese Erfahrung zeigt, dass die Pubertät nicht zwangsläufig zu Problemen führen muss. Natürlich kann es Krisen geben, aber die gibt es in anderen Phasen der Kindheits- und Jugendentwicklung auch. Keine der Krisen ist schwerwiegender als die andere.

Basierend auf fundierten wissenschaftlichen Studien schlägt Richard Lerner daher vor, von gewissen Mythen und Stereotypien zu Pubertät und Adoleszenz Abschied zu nehmen. Ich stimme ihm mittlerweile begeistert zu.

Um welche Mythen und Stereotypien handelt es sich nun hauptsächlich, von denen wir uns, wenn wir über Pubertät und Adoleszenz sprechen, verabschieden sollten?

1. Es ist nicht richtig, dass die Pubertät und die Adoleszenz Phasen sind, die von Sturm und Stress gekennzeichnet sind. Es ist nicht haltbar, dass Jugendliche in der Pubertät vermehrt Probleme machen. Auch nicht die viel betonte Unausweichlichkeit des erhöhten Stresspegels, denen Eltern durch das Problemverhalten ihres Kindes ausgesetzt wären. Halten

wir noch einmal fest: Die überwiegende Mehrzahl der jugendlichen Jungen und Mädchen hat keine hochproblematische stürmische Phase, und die überwiegende Mehrzahl der Eltern erlebt ihre Kinder als nicht so problematisch wie befürchtet. Bei den meisten geht die Pubertät mit wichtigen positiven Erfahrungen einher. Das soll nun keineswegs ausschließen, dass es auch herausfordernde Erfahrungen geben muss und natürlich auch Probleme. Möglicherweise werden diese Probleme aber sich selbsterfüllend herbei geredet, weil die Pubertät ja problematisch sein müsse. Manche Eltern sind so überrascht, dass es problemlos abläuft, dass sie sich auf die Suche nach dem Haar in der Suppe begeben. Ich will in diesem Buch von der Sturm- und Stress-Ansicht der Pubertät Abstand nehmen und zeigen, dass es Möglichkeiten und Hintergründe gibt, warum und wie sie üblicherweise positiv und erfolgversprechend verläuft.

2. Wir dürfen uns angesichts vorliegender wissenschaftlicher Daten, aber auch aufgrund unserer eigenen Erfahrungen davon verabschieden, dass es nur einen Weg durch die Pubertät geben kann, und zwar einen konflikt- und problemvollen, gemäß der Erwartungen vieler Eltern.

Es gibt viele Wege durch die Pubertät. Das werden Sie schnell bestätigt finden – auch ohne große wissenschaftliche Forschung. Bitte schauen Sie sich einfach in Ihrer näheren Umgebung und in Ihrem Bekanntenkreis um.

Vielleicht finden Sie da jemanden wie Leo, dessen Eltern sich trennten, als er neun Jahre alt war. Mit dem neuen Partner der Mutter verstand sich Leo nicht. Also zog er mit 11 zu seinem Vater, wo es zu Konflikten mit der neuen Ehefrau des Vaters kam. Heute ist Leo 18 Jahre alt, er hat die Pubertät überstanden und konzentriert sich vor allem auf seine Kunstausbildung. Er ist ein ausgezeichneter Maler und hat einen Freundeskreis beim Bogenschießen gefunden.

Eine ähnliche soziale Geschichte hat Wolf. Wolf wechselte

dreimal zwischen den Eltern hin und her und lebt heute in einer Wohngemeinschaft. Dort hat er sein Glück gefunden, seine Lehre als Techniker hat er erfolgreich abgeschlossen. Oder betrachten Sie Bea und Lea, die eineiigen Zwillinge. Bea ist voller Enthusiasmus und voller Energie, hat viele Freundinnen, ist in der Schule erfolgreich und interessiert sich für psychosoziale Berufe. Ihre Liebe hat sie noch nicht gefunden, sie kann aber gut auf sich aufpassen. Sie ist ganz stolz darauf, alles mit ihrer Mutter zu besprechen. Lea ist da anders, seit ihrem vierzehnten Lebensjahr hat sie denselben Freund und absolviert ruhig und gewissenhaft eine technische Schule für Informatik.

Wie gesagt, es gibt viele Wege durch die Pubertät. Krisenhafte, weniger krisenhafte, problematische, aber auch – und das wird immer wieder übersehen – positive. Ich möchte Ihnen in diesem Buch vor Augen führen, dass die meisten Wege durch die Pubertät positiv sind. Aber zunächst müssen wir uns noch von einem weiteren Stereotyp verabschieden, um schließlich zu klären, wie man positiv durch die Pubertät schreiten kann.

3. Es ist nicht richtig, wie auch Richard Lerner in seinem Buch »The Good Teen« ausführt, dass es einen dominanten Bestimmungsfaktor gibt, der festlegt, wie es in der Pubertät laufen wird. Schon seit längerer Zeit nicht mehr aktuell ist die Annahme, dass es vor allem die Hormone seien, die die krisenhafte Entwicklung in der Pubertät verursachen würden. Wir kommen im nächsten Kapitel genauer darauf zu sprechen.

Bis vor circa 15 Jahren war man der Überzeugung, dass das Gehirn mit dem zehnten Lebensjahr fertig entwickelt sei und die Hormone nun unkontrollierte Antriebsschübe verursachten, die es auszubalancieren gelte. Falsch ist auch die Auffassung, wie der Neuropsychiater Daniel Siegel betont, das Teenagergehirn sei einfach unreif.

Wie wir im folgenden Kapitel zeigen werden, wird das Gehirn längst nicht fertig, sondern wird während der Adoleszenz einer grundlegenden entwicklungsgeschichtlich notwendigen Reorganisation unterzogen.

Heute weiß man, dass unser Gehirn plastisch ist, das heißt, dass es sich im Laufe des Lebens immer wieder verändert, und dies ganz offensichtlich in Abhängigkeit von der Interaktion mit der Umgebung, sei es Familie, Kultur oder Gesellschaft.

Wichtig ist, dass wir auch nicht davon ausgehen können, dass Umweltfaktoren, wie z.B. Erziehungsstil, die Schule, die ihr Kind besucht, die soziale Umgebung, einen dominanten Einfluss haben, wie sich ihr Kind in der Pubertät verhalten wird. Lange glaubte die Psychologie ja daran, dass durch die entsprechenden Umweltreize jeder beliebige Verhaltensstil formbar sei, da ja, sagen wir es salopp, der Hormoneinfluss ohnehin immer gleich sei. Doch es kam wie so oft anders als man dachte. Am anderen Ende kamen immer unterschiedliche Menschen heraus.

Lerner und Kollegen haben sich nun die Mühe gemacht, ein systemisches Entwicklungsmodell der Adoleszenz aufzustellen, mit dem der hochkomplexe und fast undurchschaubar wirkende Prozess der Entwicklung in der Adoleszenz sichtbar gemacht werden kann.

Zum einen haben wir die *genetische Grundausstattung* des jungen Menschen und sein *plastisches Gehirn*. Auf der anderen Seite haben wir Faktoren aus der *Umwelt*, wie die Familie, nahestehende Verwandte, Vereine und so weiter. Zum Dritten haben wir die *eigene Handlungsfähigkeit* des jungen Menschen. Diese wird nach Lerner bis zu einem gewissen Grad von seinem *Temperament* bestimmt, welches laut Thomas und Chess folgende Dimensionen umfasst:

- Aktivität
- Ablenkbarkeit
- Aufmerksamkeitsspanne und Beharrlichkeit
- Anpassungsfähigkeit
- Annäherung oder Rückzug
- Reaktionsintensität
- Regelmäßigkeit
- sensorische Reizschwelle
- Stimmung

All diese Faktoren beeinflussen sich nun gegenseitig und machen letztendlich die Entwicklung des Jugendlichen aus. Genetische, also grundlegende Faktoren freigelegt durch sogenannte epigenetische Prozesse, wirken etwa über das Temperament auf das Handeln des Kindes.

Dies zieht wiederum Reaktionen der Umwelt nach sich. Und diese beeinflussen über Erfahrung die epigenetischen Prozesse. Hier muss angemerkt werden: Eltern reagieren anders als etwa Lehrer oder nahe Verwandte und diese wieder anders als Fremde auf der Straße.

All dies beeinflusst wiederum die Gehirntätigkeit und formt das Gehirn, das noch in seinem Reifungsprozess (siehe Kapitel 2) eine Unmenge neuer Kombinationen zulässt. Es handelt sich um einen sich wechselseitig beeinflussenden Prozess, eine Dynamik, in der sich ein Jugendlicher in Auseinandersetzung mit seinen Umweltmöglichkeiten und auf Grundlage seines sich immer verändernden Gehirns entwickelt.

Wir können nun mit Daniel Siegel von einer gelungenen Entwicklung sprechen, wenn das Gehirn sich integriert. Er meint mit »Integration« das gelungene Zusammenspiel verschiedener Gehirnregionen, wodurch der Geist aufblühen kann.

Um eben diese Integration ginge es in der Zeit von 12 bis etwa 24, lässt mich Siegel Anfang Dezember 2013 beim Evolution of Psychotherapy Congress in Anaheim interessiert aufhorchen. Und das benötige auch so manchen »Gehirnsturm (Brainstorm)«. So bezeichnet er die seiner Meinung nach vorprogrammierten und notwendigen Änderungen im Gehirn (siehe Kapitel 2) während der Adoleszenz. »Gehirnsturm« sei eben nicht Ausdruck von Unreife oder »verrückt spielender Hormone«, sondern das stoße für den jungen Menschen das Tor zu unabhängiger persönlicher Entwicklung auf. Das brauche es damit das »Nest« verlassen werden könne. Zugleich ist für Siegel dieser Umbauprozess des Gehirnes während der Jugendzeit, die Wiege menschlicher Innovation und Evolution.

Ein anschauliches Bild der sich verbindenden Entwicklung in der Adoleszenz zeigt die grafische Darstellung.

Im weiteren Verlauf des Buches wollen wir uns auf das konzentrieren, was für Sie wichtig ist. Welchen Beitrag können Sie als Elternteil leisten, damit Entwicklung positiv gelingt? Ein defizitorientiertes Entwicklungsmodell von der Pubertät scheint als Grundlage nicht auszureichen.

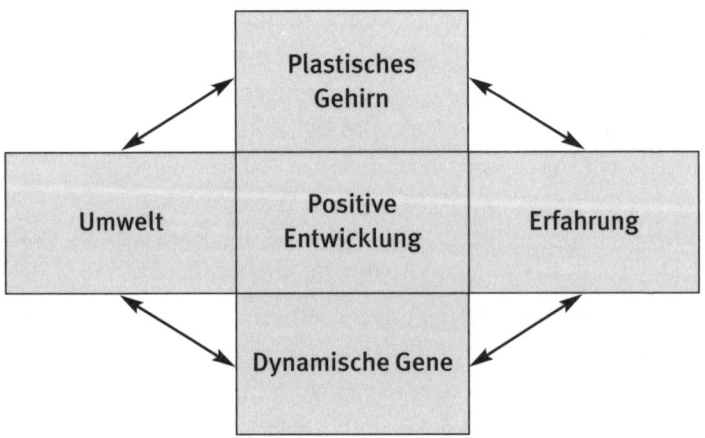

Im nächsten Kapitel werden wir uns zunächst einmal mit Fakten der Pubertät und der Adoleszenz beschäftigen. Insbesondere mit Begrifflichkeiten, Häufigkeiten, aber auch mit den wichtigsten körperlichen, hormonellen und neurobiologischen Veränderungen des Jugendlichen im heranwachsenden Alter.

In Kapitel drei werden wir dem Defizitmodell dann ein positives Entwicklungsmodell auf Grundlage der Positiven Psychologie gegenüberstellen. In den weiteren Kapiteln werden Sie erfahren, wie Sie Ihr ganzes Handeln positiv für sich selbst und für die Entwicklung Ihres Kindes ausrichten können.

Sie werden einen Weg vorfinden, der unlösbare Krisen in freudige Herausforderungen verwandelt, der das ängstliche Vermeiden von Defiziten in das Genießen von Erfolgen umwandelt.

Zusammenfassung

Obwohl wissenschaftlich längst widerlegt, bestimmt ein sogenanntes Defizitmodell der Pubertät und Adoleszenz noch immer weitgehend unser praktisches, erzieherisches und elterliches Handeln. Folgende Mythen der Pubertät sind nicht haltbar:

1. *Pubertät ist eine Zeit des Sturms und des Stresses*
2. *Es gibt nur einen Weg durch die Pubertät*
3. *Es gibt einen dominanten Faktor – Kultur oder Natur*

Entwicklung in der Pubertät ist ein wechselseitiger biopsychosozialer Prozess. Elterliches und erzieherisches Handeln kann nicht auf die Verringerung und Prävention von problematischen Verhalten, sprich Defiziten ausgerichtet sein. Soll die Entwicklung in der Pubertät gelingen, braucht es ein positives Entwicklungsmodell.

2. Kapitel

Pubertät – was sind die Fakten?

»Kann mir endlich einer sagen, was da abgeht bei Laura? Ich kenne mich wirklich nicht mehr aus. Für mich ist sie einfach seltsam geworden. Sie gibt keine Antwort mehr, oder wenn, nur schnippische, ist ungeduldig, verkriecht sich in ihrem Zimmer und hinter dem Computer, braust auf, und ist dann wieder unglaublich kreativ. Ihr seid der Meinung, Laura hätte großes Entwicklungspotential, wir sind da manchmal aber sehr skeptisch«, sagt Heinz, von Beruf Installateur.

»Warum ist sie so anders geworden? Sind das die Hormone oder liegt es an uns? Bei all den Begriffen, die ihr da verwendet, werde ich ganz unsicher. Jugend, Pubertät, Adoleszenz. Was ist meine Laura nun«, sprudelt es etwas ungeduldig aus Lauras Vater heraus.

Herwig, der Psychologe, der heute gemeinsam mit Kathrin die Elterngruppe leitet, schlägt vor, es der Reihe nach anzugehen. Zunächst versucht er den Begriff Jugend zu beschreiben.

»Nach Klaus Hurrelmann, dem bekanntesten deutschen Jugendforscher, ist Jugend eine Phase des Lebens, die durch Besonderheiten der biologischen, psychischen, sozialen und kulturellen Entwicklung gekennzeichnet ist. Biologisch beginnt die Jugendphase mit der Entwicklung der sexuellen Reife, die jungen Menschen werden sich des eigenen Geschlechts bewusst; in Folge dessen werden erste Beziehungen eingegangen, die sogenannte erste Liebe. Zugleich entwickelt sich die Persönlichkeit. Verschiedene Identitäten werden ausprobiert. Jugendliche eifern Vorbildern nach, deswegen wechseln Haarfarbe und -länge, Kleidung und Stimmung. Uneins ist man sich, wann die Jugendphase beginnt und wie lange sie dauert. Dauert sie von 10 bis 23 oder gar bis 30 Jahre? Manche entwicklungspsychologischen Lehrbücher datieren den Beginn auf das 14. Lebensjahr bis zum jungen Erwachsenenalter mit 23 oder 25 Jahren. Der Begriff Jugend hat einen negativen Touch. Sie sei ›Trunkenheit ohne Wein‹. Gegeben hat es den Begriff der Jugend in dieser negativen Besetzung schon immer. Schon der griechische Philosoph Sokrates plagte sich mit der Jugend und ließ kein gutes Haar an ihr.

Die Vorstellung, dass die Jugend eine eigenständige Lebensphase sei, existiert schon seit alters her. Gesellschaftspolitisch relevant wurde sie aber erst mit dem Einsetzen des sogenannten industriellen Zeitalters um etwa 1900. Die fortschreitende Technisierung verlangte nach einer verlängerten Ausbildungszeit, die war der Jugendphase vorbehalten und der späten Kindheit. Ab Beginn des 20. Jahrhunderts kam zur bis heute geltenden negativen Verbindung von Jugend mit krisenhaft und problematisch zunehmend ein oft eigenartig erscheinendes positives Bild dazu. Der sogenannte Jugendmythos entstand. Der Jugend gehört die Zukunft. Die Jugend ist die Kraft des Fortschritts, der Motor der Geschichte. Will man etwas verändern, will man etwas erreichen, braucht man jugendliche Kraft. So richtig es ist, dass die jungen Menschen das Potential jeder Gesellschaft sind, so seltsam sind auch die Auswirkungen. Jeder will jung, fit und schön bleiben. Das zeitige schon seltsame Auswüchse. Altern in Würde und Weisheit scheint weitgehend out zu sein. Im Alter ist man angesehen, wenn man den jugendlichen Körper sucht, die jugendliche Liebe. Die Schönheitsindustrie bittet dafür kräftig zur Kasse«, kritisiert Kathrin.

»›Forever young‹ ist also das Motto«, kichert Sarah, die junge Mutter. »Auf der einen Seite fürchten wir die Krisen der Jugend, auf der anderen Seite wollen wir genauso sein wie sie.«

»Gerade wegen der Zweideutigkeit des Jugendbegriffs«, erläutert Herwig weiter, »spricht die moderne Entwicklungspsychologie heute lieber von der sogenannten Adoleszenz. Adoleszenz leitet sich vom lateinischen Wort ›adolescere‹ ab, was so viel wie aufwachsen bedeutet. Steinberg, ein bekannter Entwicklungspsychologe, unterscheidet drei Phasen der Adoleszenz, die frühe Adoleszenz, von 10 bis 13 Jahre, die mittlere Adoleszenz von 14 bis 17 Jahre und die späte Adoleszenz von 18 bis 21 Jahre. Dazu kommt das Phänomen der Post-Adoleszenz, die sich vor allem aufgrund längerer Ausbildungszeiten ergibt. Jugendliche bleiben einfach länger zuhause«, führt Kathrin aus.

»Genug, genug«, drängt Alexandra, »was ist nun die Pubertät?«

»Die Pubertät ist ein Teil der Adoleszenz, und zwar der frühen Adoleszenz«, antwortet Herwig. »Sie ist die Phase der sexuellen Reifung bei Mädchen und Jungen, also der Zeitraum der Erlangung der Geschlechtsreife. Das Wort Pubertät kommt aus dem lateinischen bzw. altgriechischen ›pubarche‹ und bedeutet dort (lat. pubes) Schamhaar bzw. (altgr. arche) Anfang oder Ursprung. Fest steht, dass die Geschlechtsreifung hauptsächlich im Alter zwischen 10 und 14 Jahre stattfindet. Im Wesentlichen findet sie bei Mädchen und Jungen im gleichen Ausmaß statt. Tendenziell bei Mädchen etwas früher. Bei Mädchen beginnt die Geschlechtsreifung zwischen dem achten und dreizehnten Lebensjahr und endet zwischen dem dreizehnten und achtzehnten Lebensjahr. Bei Jungen beginnt die Geschlechtsreifung üblicherweise um das 9,5. Lebensjahr und endet zwischen dem 13,5. und 19. Lebensjahr. Bei Mädchen sind überdies die charakteristischen Veränderungen, so die niederländische Psychologin Eveline Crone, meistens etwas früher erkennbar. Dazu zählen neben dem allgemeinen Wachstumsschub auch, dass sich die Brüste entwickeln, die Hüften breiter werden, Schamhaare und Achselhaare zu sprießen beginnen und etwa sechs Monaten nach Beginn dieser äußerlichen Veränderungen zum ersten Mal die Menstruation einsetzt.

Bei Jungen kommt es ebenso zu einem Wachstumsschub und die Scham- und Achselhaare beginnen zu wachsen, auch die Geschlechtsorgane, die Stimme wird tiefer und es kommt zum Bartwuchs.

»So früh beginnt der Zirkus also«, ist Alexandra verwundert.

Herwig erklärt: »Der Beginn der Geschlechtsreife hat sich seit Anfang des zwanzigsten Jahrhunderts deutlich um zwei bis drei Jahre nach vorne verschoben, zumindest in den entwickelten westlichen Gesellschaften. Darauf wird später noch genauer eingegangen. Der Pubertätsprozess bestimmt die erste Phase der Adoleszenz, also die frühe Adoleszenz. Mädchen wie Jungen durchlaufen gewaltige körperliche Veränderungen. Die mittlere Adoleszenz ist wohl davon gekennzeichnet, mit diesen körperlichen Veränderungen umzugehen, sie psychisch einzuordnen. Wie ist es, wenn ich kein Mädchen mehr bin, sondern eine junge Frau oder kein Junge mehr bin, sondern ein junger Mann?«

»Das ist also dann die Zeit der wilden, seltsamen Verhaltensäußerungen von Mädchen und Jungen«, wirft Josef ein.

»So kann man es sagen, und üblicherweise schleicht sich das dann in der späten Adoleszenz wieder aus. Die Psyche beruhigt sich, alles wird balancierter«, meint Herwig.

»Was ändert sich denn alles genau?«, will Franziska, die Mutter einer 14-Jährigen wissen.

Kathrin fasst zusammen: »Fangen wir einmal beim Herz-Kreislaufsystem an. Die Lunge vergrößert sich, die jungen Menschen können mehr Sauerstoff zu sich nehmen, dadurch verbessert sich die Leistungsfähigkeit der Atmung deutlich. Das Gewicht des Herzens verdoppelt sich und der systolische, das heißt der maximale Blutdruck, der bei der Kontraktion des

Herzens erreicht wird, steigt. Die Leistungsfähigkeit des Herz-Kreislaufsystems nimmt daher deutlich zu.

Veränderungen gibt es auch in Bezug auf das Wachstum und die Proportionen. Bei den Mädchen steigt die Wachstumsgeschwindigkeit zwischen dem zehnten und vierzehnten Lebensjahr von rund 6 auf 9 Zentimeter pro Jahr an. An Hüfte, Oberschenkel und Bauch lagert sich Fett an, das Becken wird breiter. Am Ende der Pubertät gibt es ein Verhältnis von Muskeln zu Fettgewebe von 5:4. Üblicherweise, so sagt man, endet das Längenwachstum bei Mädchen mit sechzehn oder siebzehn Jahren.

Bei den Jungen verdoppelt sich zwischen 12 und 16 Jahren die Wachstumsgeschwindigkeit auf zirka 10 cm pro Jahr. Auch der Brustumfang nimmt stark zu. Zwischen dem 11. und 16. Lebensjahr verdoppelt sich die Anzahl der Muskelzellen. Am Ende der Pubertät beträgt das Verhältnis von Muskel- zu Fettgewebe 3:1. Die Körperkraft hat stark zugenommen, üblicherweise endet das Längenwachstum mit etwa 19 Jahren.

Mit elf Jahren beginnen auch die für manche heute so lästigen Haare zu sprießen. Unter der Achsel und im Schambereich bei den jungen Mädchen, unter der Achsel an der Brust und im Schambereich bei den Jungen.«

»Bei den Jungen beginnt zwischen dem 14. und 15. Lebensjahr der Bartwuchs. Einen Bart will jeder haben. Hier dürfen die Haare sein, nur nicht an der Brust. Die Achselhaare haben übrigens eine wichtige Funktion. Sie dienen der Schweißaufnahme und vermutlich auch, sowohl bei Mädchen als auch bei Jungen, der besseren Verteilung von Sexuallockstoffen. Bei Jungen kommt es mit etwa 15 durch den Einfluss des Testosterons zum Stimmbruch. Der Kehlkopf wächst, der Adamsapfel bildet sich aus. Die Stimmlage sinkt um eine Oktave und ist anfänglich kaum belastbar. Oft wirken Knabenstimmen im Stimmbruch heiser.

Weitgehend unbekannt ist, dass auch Mädchen in den Stimmbruch kommen. Allerdings ist dieser nicht so stark wie bei den Jungen. Die Mädchenstimme wird ebenfalls unter Einfluss des Testosterons, das auch bei Mädchen und Frauen – allerdings in viel geringen Ausmaß – gibt, um eine Terz oder eine Quarte tiefer.«

»Und wann bilden sich dann die Geschlechtsorgane aus?«

»Bei Mädchen vergrößern sich mit 12 bis 13 Jahren der Uterus (Gebärmutter) und die Vagina. Die Gebärmutterschleimhaut und -muskulatur wird ausgebildet. Dies ist auch der Zeitpunkt, wie schon gesagt, zu dem die Schamhaare im Genitalbereich zu wachsen beginnen. Zur ersten Menstruation, im Fachjargon auch Menarche genannt, kommt es üblicherweise heute im Schnitt mit 12 Jahren, Voraussetzung ist aber ein Körperfettanteil von 17 Prozent.«

»Ach so, deshalb fällt bei magersüchtigen Mädchen die Menstruation oft wieder aus«, kombiniert Alexandra.

»Bei Jungen beginnen zwischen 11,5 und 15 Jahren zunächst die Hoden und dann der Penis verstärkt zu wachsen. Mit etwa 15 Jahren kommt es auch zum ersten Samenerguss. Es ist Fakt, dass die erste Ejakulation fast immer durch Selbstbefriedigung zustande kommt. Dies hat keine Auswirkung auf den Umfang des Gehirns und des Rückenmarks, es schwindet dadurch nicht«, lacht Kathrin. »Ja«, antwortet Herwig, »über die Zeiten, in denen das geglaubt wurde, sind wir – Gott sei Dank – hinweg.«

»Wie kommt das denn jetzt alles in Gang?«, will Heinz, Lauras Vater, wissen. »Wann und wie beginnt denn der Tanz der Hormone?«

»Der Beginn und der Verlauf der Pubertät werden in erster Linie genetisch gesteuert«, beginnt Herwig einen kleinen Vortrag. »Die Pubertätsgene KiSS 1 und KiSS 1R, die ehemals auch als GPR54 bezeichnet wurden, beginnen ihre Tätigkeit aufzunehmen. Damit das GPR54 seine Tätigkeit aufnehmen kann, muss eine Reihe von Voraussetzungen erfüllt sein. Der Körper benötigt ganz offensichtlich die Energie, damit er diese gravierenden körperlichen und dann auch verhaltensmäßigen Veränderungen durchstehen kann.

Aus diesem Grund müssen Mädchen – wie bereits erwähnt – einen Mindestanteil an Körperfett entwickelt haben, bevor die erste Menstruation einsetzen kann. Es ist auch bekannt, so beschreibt dies die holländische Entwicklungspsychologin Eveline Crone, dass Kinder mit höherem Körpergewicht früher zu pubertieren beginnen als andere. Hier sieht man wieder wie Umweltfaktoren mit Faktoren zusammenhängen, die Gene über sogenannte epigenetische Mechanismen in Aktion kommen lassen.

Wenn es dann soweit ist, dass die Voraussetzungen für das Pubertätsprogramm erfüllt sind, also das Gewicht und andere noch unbekannte Faktoren stimmen, so startet im Körper eine konzertierte Aktion.

Neuronen im Hypothalamus schütten das Protein Kisspeptin aus. Dies bindet an sogenannte GPR54-Rezeptoren an. Diese Rezeptoren produzieren schubweise das sogenannte Gonadotropin-Releasing Hormon, abgekürzt GnRH-Hormon, das wiederum die Hirnanhangdrüse stimuliert, und diese lässt dann das sogenannte luteinisierende Hormon und das follikelstimulierende Hormon (FSH) in den Blutkreislauf. Diese beiden Hormone wirken in den sogenannten Keimdrüsen, bei Mädchen sind das die Eierstöcke und bei Jungen die Hoden. Hier stimulieren sie vor allem, dass Eizellen reifen und Samenzellen produziert werden. Daneben fördern sie auch die Produktion der Sexualhormone Östrogen und Testosteron. Durch den Einfluss von Östrogen und Testosteron prägen sich dann die primären und sekundären Geschlechtsmerkmale aus. Östrogen und Testosteron wirken wieder zurück auf die neuronalen Zellen des Hypothalamus, beeinflussen den Sexualtrieb und halten die Produktion von luteinisierenden Hormon und follikelstimulierenden Hormon in einer Art Kreislauf in Balance« (siehe Abbildung 2).

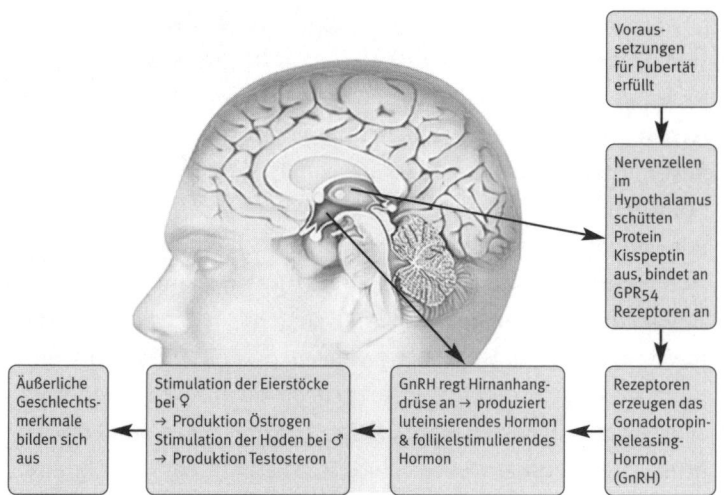

| Äußerliche Geschlechts-merkmale bilden sich aus | Stimulation der Eierstöcke bei ♀
→ Produktion Östrogen
Stimulation der Hoden bei ♂
→ Produktion Testosteron | GnRH regt Hirnanhang-drüse an → produziert luteinisierendes Hormon & follikelstimulierendes Hormon | Rezeptoren erzeugen das Gonadotropin-Releasing-Hormon (GnRH) |

Abbildung 1: Der Beginn der Pubertät
GNRH = Gonadotropin Releasing Hormon
GPR54 = Pubertätsgene Kiss1 und Kiss1R
Luteinisierendes Hormon – fördert Eisprung und Gelbkörperbildung
Follikelstimulierendes Hormon – Frau: Eizellenwachstum und -reifung,
Mann: Spermienbildung

»Um es nochmals zusammenzufassen«, sagt Herwig, »zwischen 12 und 18 Jahren spielt sich dieser Kreislauf, der Tanz der Hormone ab, und ist für die dementsprechenden körperlichen Veränderungen bei Mädchen und Jungen und eine damit einhergehende Geschlechtsreife verantwortlich.«

Herwig weist auch noch auf ein wichtiges Faktum hin: »Eveline Crone nimmt an, dass der Beginn der Geschlechtsreife auch von der körperlichen Bereitschaft abhängt, in einem entsprechenden Umfeld mit hohen Überlebenschancen Kinder zu gebären. Dies scheint in der westlichen Welt früher der Fall zu sein als in anderen Kulturen. Ein weiteres Indiz zur Erklärung des Vorrückens des Prozesses der Geschlechtsreife.«

»Der Tanz der Hormone muss ja dann Einfluss auf das Verhalten von Teenagern haben«, sagt wieder Lauras Vater.

»Ja natürlich«, so Herwig, »wir wissen ja, dass der Körper sich unter Einfluss von GnRH (Gonadotropin-Releasing-Hormon) verändert. Das wirkt sich darauf aus, wie Jugendliche sich selbst und andere wahrnehmen. Wir und Sie kennen das ja von unseren Kindern, dass sie, sobald sie in die Pubertät gekommen sind, sich viel genauer wahrnehmen, stundenlang vor dem Spiegel stehen und natürlich auch darauf achten, wie sich andere Jungs und Mädels ihres Alters verhalten.«

»Ja, davon kann ich ein Lied singen«, lacht Heinz. »Seit meine Laura in dieses Alter gekommen ist, komme ich kaum noch ins Bad. Stundenlang steht sie da vorm Spiegel und fragt sich, ob möglicherweise ihre Beine zu kurz, dafür ihre Füße zu groß sind. Neulich wollte sie sogar ernsthaft, dass ich ihr eine Anti-Falten-Creme kaufe.«

»Von Studien frühreifer Mädchen und Jungen wissen wir, dass es ganz offensichtlich einen Einfluss der hormonellen Veränderungen gibt«, fährt Kathrin fort.

»Mädchen leiden oft, wenn sie früh in die Pubertät kommen, sie werden häufiger depressiv und entwickeln möglicherweise häufiger Probleme im Essverhalten. Bei frühreifen Jungs steigt hingegen das Selbstwertgefühl. Sie sind auch angesehener als Jungs, bei denen die Pubertät später einsetzt.«

»Depressionen in der Pubertät darf man nicht überbewerten und als schweres Krankheitssyndrom werten«, so Herwig, »da sie bei Mädchen durch die hormonellen Veränderungen zustande kommen können. Mädchen kommen oft durch die Veränderungen ihres Körpers vom gängigen Schönheitsideal weg. Dadurch sind sie manchmal unzufrieden mit ihrem Körper, und ihr Selbstbild ist beeinträchtigt.

Die hormonellen Veränderungen haben natürlich Einfluss auf die sexuellen Interessen von Jungen und Mädchen, die sich immer mehr auf Gleichaltrige richten. Gleichaltrige verwandeln sich von Spielkameraden zu Objekten des Interesses und der Begierde, auch Freundschaften werden immer intimer.«

»Können Sie uns auch noch etwas mehr über Hormone erzählen?«, fragt Franziska nach.

»Die Hormone geben nachgewiesenermaßen auch den emotionsverarbeitenden Arealen im Gehirn einen kräftigen Schub. Weinen und Lachen liegen da nah beieinander. Wir können feststellen, dass die hormonellen Veränderungen in der Pubertät natürlich ganz schöne Anforderungen an die sich entwickelnden Jungen und Mädchen stellen. Dann haben sie sich mit noch einem weiteren Phänomen auseinanderzusetzen. Das Melatonin, das Schlafhormon, spielt plötzlich auch verrückt. Es wird eigenartig undiszipliniert. Melatonin wird zu Beginn der Nacht ausgeschüttet, damit wir schläfrig werden und unser Organismus zur Ruhe kommt. Wir wissen nun, dass Teenager nach wie vor mindestens achteinhalb bis neun Stunden brauchen, um am nächsten Morgen wieder aufnahmefähig und fit zu sein. In ihrem aufregenden Buch ›What are they thinking‹ – Fakten über das sich noch entwickelnde Teenager Gehirn – weisen White & Swartzwelder nach, wie wichtig Schlaf für den Menschen ist und welche Folgen Schlafentzug hat. Ganz eindeutig sinken dabei die geistige Leistungsfähigkeit, die Impulskontrolle und die Aufmerksamkeit. Nicht nur bei Teenagern, sondern natürlich auch bei Erwachsenen. Normalerweise springt bei uns Erwachsenen das Schlafsystem ungefähr zwischen 21 und 23 Uhr an, bei Jugendlichen aber kaum vor 23 bis 24 Uhr. Dann gibt es noch so viel Aufregendes zu tun in der Nacht, mit anderen auf Facebook chatten, hin und her mailen, geheime Telefonate.

Kein Wunder, dass Teenager am Morgen kaum die Augen aufbringen. Das ist natürlich dann auch der Grund, warum sie am Morgen oft übellaunig sind, nur knappe und kurze Antworten für ihre Mitmenschen haben und zu manchen frühmorgendlichen Ereignissen zu spät kommen.

White und Swartzwelder berichten in ihrem Buch über Versuche in den US-Staaten Connecticut und Kansas, dem geänderten Schlafrhythmus der Jugendlichen entgegenzukommen. Diese Bundesstaaten ließen die Schule einfach um eine Stunde später beginnen. Mit durchschlagenden Erfolgen: die Noten verbesserten sich, Verhaltensprobleme verringerten sich, die Anwesenheit beim Unterricht stieg, die Schülerinnen und Schüler meldeten sich weniger krank, frühstückten häufiger, und das Klima in der Schule verbesserte sich.

Ja, all das fordert die Entwicklung von Jugendlichen zu einem wertvollen Mitglied der Gesellschaft heraus. Mit dem Erreichen der Geschlechtsreife ist ein Jugendlicher noch lange nicht erwachsen«, rundet Kathrin ab.

»Das waren aber noch nicht alle Veränderungen während der Pubertät, oder?«, will Josef noch wissen.

»Nein, es braucht noch den sogenannten sozialen Reifungsprozess«, antwortet Herwig. »Es gibt in der Pubertät noch eine Reihe von bedeutenden Veränderungen, die hier kurz angeschnitten werden sollen. Zum Beispiel die Entwicklung der kognitiven Fähigkeiten, des Denkvermögens. Junge Menschen lernen im Verlauf der Adoleszenz formal logisch zu denken, das heißt vorausschauend und situationsübergreifend zu planen. Die Fertigkeit, sich in andere hinein zu versetzen, mit anderen mitzuspüren und soziale Verantwortung zu übernehmen, entwickelt sich mehr und mehr.

Sie lernen auch die Perspektive anderer zu übernehmen, den Umgang mit ihren eigenen Emotionen adäquat zu gestalten und sich mit ihrer Umwelt zu arrangieren.

Nach Michael Westenberg durchlaufen Jugendliche während der Adoleszenz vier Stadien sozial- emotionaler Entwicklung.

- das impulsive Stadium
- das selbstbeschützende Stadium
- das konformistische Stadium
- das selbstbewusste Stadium.

Im Alter zwischen 8 und 12 Jahren befinden sich die meisten Kinder im impulsiven oder selbstbeschützenden Stadium. Im impulsiven Stadium wird eine sofortige Bedürfniserfüllung von anderen erwartet, aber auch Verhaltensanweisungen von Lehrerinnen und Lehrer und Erziehungsberechtigten. In diesem Stadium befinden sich die Kinder noch in einer Abhängigkeit. Diese Abhängigkeit wird im selbstschützenden Stadium aufgegeben. Kinder und Jugendliche versuchen ihre Impulse zu kontrollieren. Im nächsten Stadium, dem konformistischen Stadium, wird die egozentrische Haltung der beiden vergangenen Stadien zu Gunsten einer an anderen interessierten Haltung abgelegt. Jugendliche zeigen sich angepasst, handeln also sozial erwünscht und haben Angst vor Zurückweisung und Kritik. In dieses Stadium kommen Jugendliche meist im Altern zwischen 12 und 14 Jahren.

Mit 16 Jahren wechseln die Jugendlichen in das selbstbewusste Stadium. Hier stehen eigene Wünsche im Vordergrund, es wird nicht mehr so stark auf die Meinung anderer geachtet. Die Individualität bestimmt dieses letzte Stadium.«

»Wie soll das etwas werden«, seufzt wieder Lauras Vater. »Dieser Tanz der Hormone hört ja nicht auf und geht unentwegt weiter.«

»Als ob das nicht genügen würde«, fährt Herwig fort. »Wie wir aus neueren neurowissenschaftlichen Forschungen wissen, spielen offensichtlich nicht nur die Hormone verrückt, sondern das ganze Teenagergehirn ist im Umbau. Das Gehirn ist also noch nicht fertig strukturiert, sondern in einer dynamischen Veränderung und Entwicklung. Das Gehirn des pubertierenden Jugendlichen bzw. des Teenagers als unfertige Baustelle, als sich ständig weiterentwickelndes Organ, das noch nicht fertig ist, zu betrachten, haben wir neuen neurowissenschaftlichen Untersuchungsmethoden zu verdanken, wie der Kernspintomographie und vor allem der funktionellen Magnetresonanztomographie (fMRT)«, erläutert Herwig. »Dies sind laut Jay

Giedd vom National Institut of Mental Health in Becksara, nördlichen von Washington, technische Geräte, mit denen es möglich ist, nicht nur die Gehirnaktivität zu messen, wie beim EEG, sondern es ermöglicht Liveaufnahmen der Gehirnaktivität völlig ohne Gefahr und Nebenwirkungen.«

»Wie wird denn Gehirnaktivität sichtbar gemacht?«, will Alexandra wissen. Kathrin: »Gehirnaktivität äußert sich in einer erhöhten elektrischen Aktivität gewisser Gehirnareale. Dazu ist eine erhöhte Blutzufuhr nötig. Das Gehirn ist der Teil unseres Körpers, der am meisten sauerstoffreiches Blut und auch am meisten Energie braucht und verbraucht. Das fMRT kann nun die Intensität der Blutzufuhr in verschiedenen Gehirnregionen erfassen und an den Computer weitergeben. Durch den Vergleich ist es wiederum möglich, jene Durchblutungs-Veränderungen von Hirnarealen sichtbar zu machen, die auf Stoffwechselvorgänge zurückgeführt werden können, und die ihrerseits mit neuronalen Aktivitäten in Zusammenhang stehen. Das Gehirn des Teenagers ist plastisch. Das heißt, es ist beeinflussbar und verformbar. Verschiedenste Gehirnregionen können zusammenspielen und Netzwerke bilden, damit das effektivste Ergebnis erzielt wird. Übrigens auch unser Gehirn ist noch plastisch.

Giedd machte an tausenden Jugendlichen eine Längsschnittuntersuchung, bei der er zu verschiedenen Zeitpunkten und Fragestellungen die Gehirnaktivität maß. So konnte er genau sehen, was sich zum Beispiel beim Lernen, beim sozialen Vernetzen, bei Aufregungen und Emotionen, bei Kreativität usw. im Gehirn abspielt.«

Maria wird ganz interessiert. »Welches sind nun die wichtigsten Baustellen oder Fakten, bei denen sich das Gehirn umstrukturiert oder neu organisiert. Was sind die Grundlagen dafür?«

Herwig freut sich, hier ausholen zu dürfen. »Als erstes«, so berichtet er, »konnte die moderne Neurowissenschaft feststellen, dass es ab einem Alter von 8 bis 10 zu einer gigantischen Zunahme an sogenannter grauer Gehirnsubstanz kommt. Das heißt, die Anzahl der Nervenzellen, die für die unmittelbare Gehirntätigkeit verantwortlich sind, steigt sprunghaft an. Das passiert vor allem im Bereich des sogenannten Großhirns. Wir haben hunderte Milliarden davon, die ihre Dendriten und Axone ausbilden. Das sind Verzweigungen, mit denen sie bei anderen Nervenzellen über Synapsen andocken.

Die zweite wichtige Feststellung, die sich aus den Untersuchungen der Neurowissenschaftler ergibt, ist, dass mit dem Einsetzen der Pubertät diese graue Substanz und damit Neuronen wieder systematisch abgebaut werden. Mit einem Alter von 11 Jahren sterben bei einem Jugendlichen circa 30 000 Synapsen pro Sekunde ab. Abgebaut werden in einem fast darwinistischen Selektionsprozess Nervenzellen und Verbindungen, die nicht effektiv oder nicht funktional bezüglich der Situation des Jugendlichen, seiner Umwelt und seiner Herausforderungen sind. Damit hier funktionierende Netzwerke zustande kommen, zwischen Neuronengruppen und verschiedenen Gehirnzentren, braucht es eine schnelle Vernetzung. ›White matter matters‹, nennen White und Swartzwelder dieses Phänomen. Das heißt, die weiße Gehirnsubstanz wird immer wichtiger. Im Adoleszenzalter wächst die Menge der weißen Substanz an. Die weiße Substanz wird aus den sogenannten Glia-Zellen gebildet, das sind Zellen im Gehirn, die die Neuronen an ihrer Position stützen.

Diese Glia-Zellen bilden das Myelin, mit dem die Verbindungen zwischen den Nerven die sogenannten Axone, umwickelt werden. Dadurch können diese Nervenzellen Impulse bis zu 300 Mal schneller weiterleiten als ohne Myelenisierung.

Dann gibt es eine vierte aufsehenerregende Entdeckung, die in der Neurowissenschaft immer mehr von sich reden macht. In Abhängigkeit von Umwelteinflüssen, von anderen internen Einflüssen, von der Selbstaktivität der Jugendlichen, von der Resonanz, die ihnen die Erwachsenen geben, verschalten sich im Gehirn die verschiedensten Zentren, um letztendlich, wie Giedd es sagt, eine Gehirnstruktur zu entwickeln, bei der planende, vorausschauende, strukturierende und organisierende, bremsende, hemmende Großhirnanteile gut mit den emotionalen Angst- und Belohnungszentren im unteren Gehirn zusammenarbeiten. Tiefer liegende Regionen des Großhirns werden miteinander und untereinander verbunden, damit man sich in andere einfühlen kann und in der Lage ist, adäquat sozial zu arbeiten und sein kreatives Potential zu nutzen.«

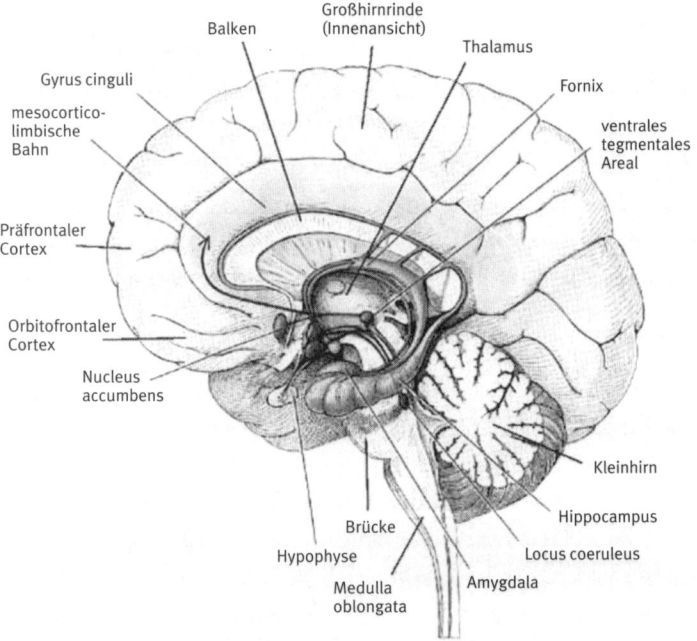

Abbildung 2: Innenansicht der rechten Gehirnhälfte
(Aus: Tobias Esch: Neurobiologie des Glücks. Wie die Positive Psychologie die Medizin verändert. Georg Thieme Verlag KG Stuttgart, 2. Auflage 2013, S. 39)

Herwig fügt hinzu: »Und hier bringt Giedd wieder eine entscheidende Behauptung ein. Die Jugendlichen haben es selbst in der Hand, gibt er in einem aufsehenerregenden Interview bei Barbara Strauch an, wie sich ihr Gehirn entwickelt. Sie haben es in der Hand, ob sich ihr Gehirn unter dem Zutun von Sport, gutem Lernen in der Schule, dem Lösen von Denkaufgaben, durch das Spielen eines Instruments und durch das Pflegen regelmäßiger Kontakte, vernetzt – zu einem integrierten Ganzen entwickelt, oder ob dies durch stundenlanges chatten, durch Dauerfernsehen, Drogenkonsum und so weiter passiert. Giedd meint, dass es die Jugendlichen durch ihr Verhalten selbst in der Hand haben, wie die Landschaft ihres Geistes in 10 Jahren aussehen wird.

Noch etwas führt Giedd an: Diese Verschaltung und Verbindung untereinander, also die Entwicklung und Reifung des Gehirns passiert blöderweise so, dass sich nicht alle Gehirnregionen gleich schnell entwickeln, auch die im Kortex nicht. Am schnellsten sind die visuellen und motorischen Fähigkeiten entwickelt. Die Gehirnregionen des Großhirns, die für die Wahrnehmung eigener Körperimpulse, für das Einfühlen in andere, für Planen, Hemmen, Schritt für Schritt arbeiten und zusammenführen zuständig sind, entwickeln sich merklich langsamer. Dadurch kann es zu einem deutlichen Ungleichgewicht im Gehirn kommen, das viele der pubertären Verhaltensweisen erklärt.«

Unser Gehirnpräsident, der sogenannte präfrontale Kortex lässt sich mit seiner Entwicklung am längsten Zeit. Die gute Vernetzung und Verschaltung dieser Areale untereinander und zu anderen emotionalen Gehirnregionen auf der rechten Seite, sowie die Vernetzung planender Gehirnfunktionen auf der linken präfrontalen Seite mit den subkortikalen emotionalen Zentren entwickelt sich langsam Schritt für Schritt.

Eveline Crone kann zum Beispiel in einer Reihe von Experimenten dezidiert nachweisen, dass sich zum Beispiel das Arbeitsgedächtnis, entscheidend für strukturiertes, planvolles Vorgehen, Erstellen von Zielplänen, Arbeitsplänen und so weiter verlangsamt entwickelt. Dies ist die Erklärung dafür, warum viele Jugendliche nicht so strukturiert lernen, wie wir das gerne hätten. Wir und sie wollen schon – ihr Kapitän, das Großhirn (der präfrontale Kortex), will noch nicht.

Zweitens arbeitet die Amygdala, unser zentrales Organ für die Wahrnehmung von Gefühlen, vornehmlich auch von negativen Gefühlen, auf Hochtouren. Im jugendlichen Gehirn findet sich diese Gehirnregion, die zuständig ist für unseren Schutz und für unmittelbare Reaktion, ständig in Alarmbereitschaft.

Das kann natürlich durch eine besondere Prägung der Amygdala auch frühkindliche Hintergründe haben, ist aber in der Pubertät ein Faktum. Wenn nun dazu ein träges, noch nicht entwickeltes Großhirn kommt, kann es leicht sein, dass Impulse nach oben durchschießen, nicht gehemmt werden können, was die emotionale Unausgeglichenheit vieler junger Menschen erklären würde.

Das Dritte ist, dass der sogenannte Nucleus Accumbens, der zuständig ist für unsere Belohnung, in der Pubertät wesentlich langsamer reagiert, weil er gut ein Drittel seiner Dopamin-Rezeptoren abbaut. Dies bedeutet, dass im Vergleich zu dem leicht zu begeisternden Kind, das sich über jede Kleinigkeit freut, der Nucleus Accumbens und das dazu gehörige Dopamin eines Jugendlichen aufregende Sachen braucht, die einen emotionalen Kick der Freude und Belohnung versprechen, bevor er richtig aktiv wird.

Das heißt, das Risiko muss höher werden. Deswegen ist die Gefahr, durch Unfälle zu sterben, niemals größer als in der Pubertät.

Viertens konnten Forscher feststellen, dass Jugendliche beim Erkennen von Emotionen und bei emotionalen Reaktionen um 20 Prozent langsamer reagieren als Erwachsene. Dies beeinträchtigt merklich das schnelle Einfühlen in andere. Ebenso sind die Verschaltungen, die man für das Einfühlen, Mitfühlen oder das ›In-Resonanz-Gehen‹ mit anderen braucht, noch nicht fertig entwickelt.

Fünftens – und diese frohe Botschaft gibt es dennoch: das jugendliche Gehirn ist unglaublich kreativ. Es wird charakterisiert durch Kreativität, Einfallsreichtum, Forscherdrang und Ideen. Das erwachsene Gehirn hingegen durch Planung, Hemmung, Lenkung und Kontrolle.«

»Was bedeuten nun die hier aufgelisteten Forschungsergebnisse und Fakten und das, was wir sonst schon für den Umgang mit unseren Jugendlichen besprochen haben?«, wollen die Eltern wissen.

Kathrin ordnet das Ganze noch einmal:

1. Tanz der Hormone hin oder her – die hier angeführten Fakten und Tatsachen über die Pubertät und das sich in der Pubertät und Adoleszenz entwickelnde Gehirn stellen zuallererst für unsere Jugendlichen, aber auch für uns Eltern, eine ganz *große Chance* dar.

   So sehr es auch zu Schwierigkeiten und Konfrontationen kommen kann, die dargestellte Plastizität des jugendlichen Gehirns und seine möglichen Entwicklungsverläufe geben Anlass zur Hoffnung, dass wie bereits im Eingangskapitel festgestellt worden ist, eine Weiterentwicklung immer möglich ist. Diese Tatsache bietet die große Chance, junge Menschen heran zu erziehen, die Freude am Leben haben, die im Flow sind und sich körperlich und seelisch wohl fühlen, also aufblühen.

2. Die vorgelegten Fakten über die Pubertät zeigen, dass viele der dargestellten, oft als seltsam erlebten Verhaltensweisen gar nicht krankhaft sind, sondern normale, im Verlauf der Pubertät vorkommende Erscheinungen. Dies ist eine beru-

higende Tatsache. Die Prävalenzzahlen bestätigen, dass nur maximal drei Prozent der Jugendlichen derartige Schwierigkeiten und Probleme während ihrer Entwicklung erleben, dass der Begriff einer psychischen Störung angebracht wäre. Um mit Jerome Kagan zu sprechen: »Es wäre günstiger, anstatt vorschnell zu Diagnosen und Medikamenten zu greifen, sich auf die Jugendlichen mit all ihren Facetten einzulassen und die Beziehung zu ihnen aufrecht zu erhalten, statt sie zu dämonisieren.«

3. Aus neurobiologischer und neurowissenschaftlicher Sicht spricht auch bei Jugendlichen gar nichts dagegen, die Chancen zu nutzen, die verschiedenen Anteile des Gehirns zu einer Integration zu bringen. Etwa in der Form, wie Daniel Siegel es schon für Kinder in seinem Buch »Achtsame Kommunikation mit Kindern« gemacht hat.
Dass dies möglich ist, liegt
1. an dem Jugendlichen selbst,
2. an den unmittelbaren Bezugspersonen, den Eltern und
3. an anderen Bezugspersonen und Institutionen aus dem Umfeld.
Eine Zusammenschau dieser Faktoren wird die Entwicklung unserer Jugendlichen gelingen lassen.

4. Dies bedeutet für uns, dass das Ziel elterlichen Handelns nur ein Beitrag zum Wohlbefinden, Aufblühen und Thriving unserer Teenager sein kann. Gemäß neuester neurobiologischer Erkenntnisse sollten wir auf das Positive abzielen. Wenn wir dozieren und belehren, werden unsere Jugendlichen die Signale unserer Emotionen nicht gut deuten können. Was werden sie tun? Ihre Amygdala, den Sensor für negative Gefühle, einschalten – und dies blockiert den Zugang zu einer vernünftigen Diskussion. Somit muss souveräner elterlicher Umgang und souveräne Bewältigung der Pubertätsherausforderungen stets auf das Positive abzielen.

5. Dies auch nicht zuletzt deshalb, weil natürlich andererseits sonnenklar ist, dass unsere Teenager aufgrund ihrer Gehirn- und Hormonstruktur besonders gefährdet sind, psychische Störungen und Suchterkrankungen zu entwickeln.

6. Auf Eltern kommt hier natürlich eine große Verantwortung zu. Sie müssen manchmal, wie es Barbara Strauch sagt, der präfrontale Ersatzkortex ihrer Kinder sein. Es braucht Wachsamkeit und Vigilanz.«

Im folgenden Kapitel werden wir nun aufbauend auf den vorliegenden Fakten zur Pubertät versuchen, ein positives Pubertätsmodell zu erstellen, das

- genetisch neurobiologische Faktoren reflektiert
- die Selbstregulationsfähigkeit des Jugendlichen in den Vordergrund stellt und
- das Handeln der Eltern und Institutionen dazu in Bezug stellt.

Damit soll aufgezeigt und belegt werden können, dass positives elterliches Engagement in der Pubertät, genauso wie positives Engagement von Institutionen, der Schlüssel für gelingende Pubertät und für junge Menschen ist, die sich wohl fühlen und voller Elan ihre Aufgaben bewältigen können.

Zusammenfassung

- Jugend ist ein ambivalenter Begriff. Der Begriff der Adoleszenz ist für junge heranwachsende Menschen heute eher zu verwenden. Die Adoleszenz teilt sich in drei Phasen: Frühe, mittlere und späte Adoleszenz. Wir haben heute auch noch das soziokulturell bedingte Phänomen der Post-Adoleszenz.

- Die Pubertät ist ein Teil der Adoleszenz. Beginn und Verlauf sind gen-gesteuert, allerdings nur in Wechselwirkung mit der Umwelt und den Jugendlichen selbst.
- Der Tanz der Hormone beginnt immer früher und hat nicht den entscheidenden Einfluss auf die Pubertätsentwicklung. Das Gehirn ist in der Pubertät eine formbare Baustelle mit hoher Plastizität. Wie diese Plastizität genutzt wird, hängt vom Jugendlichen selbst, aber in entscheidendem Maße auch von uns Eltern ab. Wir haben es in der Hand, eine optimistische positive Betrachtungsweise der Pubertät und ihrer Möglichkeiten, auch aus neurowissenschaftlicher Sicht, vorzuziehen.

3. Kapitel

Aufblühen statt Sturm und Stress – ein systemisches Modell positiver Jugendentwicklung

»Heute«, so sagte ich, »beginne ich die Elternrunde mit spannenden Fallgeschichten über Jugendliche die aufgeblüht sind.« »L., eine Stadt in der Obersteiermark, im Frühjahr 2002. Ich sitze mit dem 11-jährigen Marco in seinem Zimmer, besser gesagt ich sitze und er hüpft herum. Marco hat wenig Interesse an seinem Psychologen und Erziehungshelfer. Er zeigt mir vielerlei Dinge und er will immer wieder zum Computer. Auf meine Fragen nach seinen Interessen in der Schule, antwortet er nur einsilbig, dass er dies nicht wisse.

Dabei ist es ernst. Marco ist vor circa 6 Monaten mit seiner Mutter aus Barbados nach Österreich gekommen. Sein Stiefvater hat im Urlaub in Marcos Heimat seine Mutter kennen und lieben gelernt. So haben die beiden geheiratet, und Marco musste von der Sonne in der Karibik in die Industrie-Realität der Obersteiermark wechseln. Aber so schön war es in seiner alten Heimat auch nicht, denn die meiste Zeit verbrachte er auf der Straße. Die Mutter war damit beschäftigt, irgendwie den Lebensunterhalt zu sichern. Von Marcos leiblichem Vater weiß man nur, dass er in irgendwelche dubiosen Geschichten verwickelt war und nun im Gefängnis sitzt. Die Mutter will von diesem Mann nichts mehr wissen, auch Marco will über ihn eigentlich nicht reden. Eine Zukunft in Österreich mit dem neuen Mann scheint eindeutig die bessere Option zu sein.

Aber das Leben will für den jungen Marco nicht so recht gelingen. Die Schule interessiert ihn nicht, Deutsch ist schwer, obwohl er es ganz gut spricht. Darüber hinaus eckt Marco, so wurde es mir zumindest erzählt, mit seiner Lebhaftigkeit überall an. Er ist aufbrausend und lässt sich nichts gefallen.

Das hat über die Schule, die Marco besucht, das Jugendamt auf den Plan gerufen. Ich wurde eingeschaltet, da dies ein therapeutischer Fall sei. Ich solle was tun mit ihm, damit er sich integriere. Ansonsten müsse er zurück in die Karibik, so die Mutter. Sie wolle sich ihr neues Leben hier nicht verbauen lassen. Es sei schon schwer genug gewesen. Auch ihr falle es schwer, bei diesem Kind in guter Stimmung zu bleiben.

»Ich will nichts von dir, dicker Mann. Ich kann mit dir nichts anfangen«, schnauzt mich Marco fast an. In meiner Not beschließe ich, Marco in mein Auto zu packen und mit ihm durch die Straßen von D. zu fahren. Da kennt sich Marco plötzlich aus. Er zeigt mir, wo seine Schulfreunde und andere Kinder aus Barbados wohnen.

Bei einem Spielplatz steigen wir aus. Zufällig liegt ein kleiner Tennisball herum und wir beginnen, ihn hin und her zu werfen. Beim Werfen ist Marco ein Meister, ich bin ganz verwundert und frage, woher er das könne. Er erwidert darauf, dass er Handball in einem Verein spiele. Das gefalle ihm, da er dort für seine gute Leistung gelobt werde.

Ich befrage Marcos Stiefvater. Dessen Augen beginnen zu leuchten. Er erzählt, dass Marco nicht nur gut, sondern außergewöhnlich sei. Schnell ist nun das Erziehungshilfeprogramm geändert, als ich erfahre, dass Marco, meine Augen werden immer größer, Mitglied einer U14 Auswahlmannschaft ist. Ein Spiel stünde nächsten Sonntag an. Ich könnte ja einmal dabei sein und zuschauen. Marco nickt begeistert. Das Spiel in Graz gewinnt Österreich souverän, und ich bin begeistert. Marco ist ein guter Kreisläufer. Von den 19 Toren wirft er 11.

Bei diesen Erfolgen leuchten die Augen des Jungen. Von seinem Handballsport will er nicht mehr weg.

Aufgrund seines Ausnahmetalents ist er auch schnell in der Klasse beliebt geworden. Einfacher wird es in der Schule trotzdem nicht. Immer wieder kommt es zu Vorfällen. Marco steht einmal mehr auf der Kippe. Aber einer glaubt unerschütterlich an ihn, nämlich sein Handballtrainer. Man spürt förmlich, dass der Trainer Marco mag, er ist aber auch nicht zimperlich ihm gegenüber. Schule muss sein, sonst gibt es keinen Platz im Team. Das akzeptiert Marco, wenn auch nicht immer ganz freiwillig. Marco ist zudem intelligent. Letztendlich bekommt er eine Lehrstelle bei einem großen technischen Betrieb, der auch den Handballverein sponsert.

Dann verlieren sich unsere Wege, da Marco immer besser auf sich selbst achten kann.

Fünf Jahre später kreuzen sich unsere Wege wieder. Allerdings nur über den Fernseher. Marco ist der Jungstar der Nationalmannschaft bei den Qualifikationsspielen für die nächste Europameisterschaft. Marco ist unglaublich umsichtig, entnehme ich dem Interview in einer Zeitung. Er überlegt sich seine Zukunft sehr genau, plant einen Wechsel ins Ausland, aber erst dann, wenn die Zeit reif ist.

Heute spielt Marco in einer hoch bezahlten europäischen Spitzenmannschaft und fällt durch seinen Fleiß am Feld und durch seine Ruhe, Übersicht und Disziplin auf.

Bei Marco hatte wirklich kaum jemand Hoffnung. Er war ein großes Sorgenkind. Aber er ist aufgeblüht. Wie war das möglich?«

»Graz Ende der 90-er Jahre: Institut für Kind, Jugend und Familie. Ich und Wolfgang sind in der Jugendgruppe mit unserem Latein am Ende. Alex, Franz, Peter und Muamer sind wenig begeistert von uns: ›Herst Oalter, des is wie in Alcatraz, bei dir am Institut. Wann werden wir aus diesem Gefängnis entlassen?‹ Mir fällt nichts Besseres ein als zu sagen: »Wenn ihr euch gebessert habt.« Dabei war alles so schön geplant. Entsprechend einem wunderbaren therapeutischen Programm, hatten wir eine kreative Stunde vorbereitet. Jeder sollte sein

Problem auf Papier zeichnen und dann in der Gruppe darüber berichten. Gezeichnet haben die Jungs nichts, da sie, wie sie uns überzeugend zu erklären versuchten, sowieso kein Problem hätten. Ihre Eltern aber sehr wohl. Sie stellten die Sinnhaftigkeit des Ganzen hier in Frage und fragten, wie es weitergehen solle, denn es sei unendlich fad. Da hatte Wolfgang die Idee mit dem Hockeyspiel. Im Kasten des Turnsaales fanden wir vier Hallenhockeyschläger. Schnell waren zwei Mannschaften zusammengestellt, und ab ging das Spiel und die Stunde war viel zu kurz. Wir spielten in den folgenden Gruppenstunden immer wieder Hockey. Und es war aufregend, was hier alles passierte. Peter zum Beispiel konnte nicht verlieren, da wurde er ganz zornig und begann die anderen zu attackieren, und plötzlich wehrten sich die Jungs – und nicht die Erwachsenen für die Jungs – und hatten auch gute Ideen. Der sonst so schweigsame Muamer fiel durch sein elegantes Spiel auf und sprach plötzlich auch über sich, seine Eltern und wie es in der Schule sei. Franz, den keiner mitspielen lassen wollte, fand seine Position. Da er eindeutig zu hart agierte, wurde er zum Schiedsrichter bestimmt. Franz war der gerechteste und fairste Schiedsrichter, den sich eine Jugendgruppe überhaupt vorstellen kann. Auch diese Jungs waren plötzlich wie ausgewechselt. Nichts mehr von dieser lähmenden Passivität. Sie sprühten vor Ideen und Initiative. Wie kommt das?

»Ähnliches erleben wir tagtäglich«, erklären Christian, Simon, Markus und Manfred, allesamt Psychologen und Erziehungshelfer am Institut.

»Im Einzelsetting, das ist das Wort für ein Einzelgespräch, sind sie oft nicht auszuhalten. Sobald wir den Sportbogenparcours mit ihnen durchgehen, ist plötzlich Disziplin keine Frage mehr. Jeder bleibt in der Spur. Die Abstände von den Zielen, die mit den Pfeilen zu treffen sind, werden genau eingehalten. Die Jungs unterstützen sich, erfreuen sich an ihrer Leistung und auch an den Leistungen der anderen. Sie können von den

Erwachsenen was annehmen, wenn die ihnen beim Bogen-schießen etwas erklären, oder gar eine Regel einmahnen«, er-zählt Simon begeistert.

Wir, das sind Wolfgang, Markus, Simon und ich, erzählen diese Beispiele zu Beginn einer größeren Elternrunde. Er-staunt fragt Sarah: »Wie ist das möglich?«

»Ja wirklich, wie ist das möglich?«, fragt Fred. »Wenn ich will, dass er sein Zimmer aufräumt, oder meine Frau ihn bittet, den Tisch abzuräumen, dann gibt es nichts als eine blöde Ant-wort und ein ›Nein, das mach ich nicht.‹«

Auch Michaela meldet sich zu Wort: »Wenn im Skatepark ein kleines Stück Papier herumliegt, wird er ganz genau und legt sich fast mit anderen an, damit das weggeräumt wird. Wie gibt es das?«

»Bei uns beim Abendessen spricht er gar nichts. Auch in der Schule gehört er zu den ganz leisen. Aber am Abend beim World of Warcraft spielen ist er außer Rand und Band. Da blüht er richtig auf«, sagt Marianne.

»Wenn es um die schulischen Pflichten geht und ums Hel-fen im Garten, dann ist sein psychomotorisches Tempo be-ängstigend langsam. Wenn es darum geht, sich mit Freunden zu treffen, kann es nicht schnell genug gehen«, klagt Astrid, Physiotherapeutin.

»All unsere Beispiele zeigen: ganz offensichtlich funktionie-ren Jugendliche, ganz offensichtlich können sie Regeln einhal-ten und ganz offensichtlich können sie Begeisterung zeigen, manchmal auch über das Ziel hinausschießen«, fasst Wolfgang zusammen. »Ja, und das dürfen wir nicht vergessen, ganz of-fensichtlich herrscht auch oft Harmonie zwischen den Jugend-lichen und ihren Eltern«, betone ich nun.

»Wenn ich mit Franz zum Fischen gehe«, so Armin, der Kernölbauer, »dann sind wir ein Herz und eine Seele.«

»Oder ich mit Jasmin zum Shoppen, dann harmonieren wir

auch. Und dabei kauft sie dann nicht einmal übermäßig viel. Aber warum klappt es dann so oft nicht?«, fragt wieder Michaela. »Und warum scheitern so viele Therapien und Erziehungsprogramme? Sie sind ja nicht die erste Therapieeinrichtung, bei der wir uns vorgestellt haben«, merkt Annette, die Handelskauffrau, kritisch an.

Wolfgang, der Psychologe, wagt einen Erklärungsversuch. »Was suchen denn viele therapeutische und pädagogische Programme bei Kindern und Jugendlichen, auf was weisen viele Erziehungs- und Pubertätsratgeber zu allererst hin?« fragt er. »Sie suchen und weisen auf Defizite und Mankos hin, auf krisenhafte Zustände, die es genau zu analysieren gelte, damit man sie dann eliminieren oder zumindest neutralisieren könne. Die Defizitlastigkeit unserer Therapieprogramme ist schon manchmal wirklich haarsträubend«, ereifert sich Wolfgang weiter.

»Uns wird auch immer wieder gesagt, dass wir klar und deutlich konsequent sein müssen, wenn etwas nicht den Regeln entspreche, damit unsere Kinder und Jugendlichen spüren, dass so etwas nicht gehe. Daraus, so wird uns immer wieder gesagt«, meint nun Ulrike, Friseurin, »sollen sie was lernen.«

Wolfgang lächelt und so manch anderer in der Runde auch. »Da lernen die Jugendlichen vor allem, Situationen zu vermeiden, in denen ihr von uns als problematisch definiertes Verhalten entdeckt werden könnte. Also lügen und vertuschen sie, führen uns in die Irre und so weiter.«

»Genauso ist es«, bestätigt Annette.

»Und sie lernen auch immer besser, ihr Verhalten, das sie selbst ja als durchaus sinnvoll erleben, dort auszuleben, wo wir keinen Zugriff mehr haben«, sagt Wolfgang. »Das sind unsere Erfahrungen.«

»Die Defizitorientierung führt uns also offensichtlich in die Hilflosigkeit und in die Frustration, und es ändert sich nichts«, wirft Holger, der Arzt aus Berlin, ein.

»Für die Jugendlichen schon; sie lernen im Abwehrkampf, wie man sich gut gegen unsichere Erwachsene durchsetzen und abgrenzen kann, aber leider wenig konstruktives Miteinander. Und das genau dort, wo es immer wieder am notwendigsten ist: zwischen Eltern und Jugendlichen. Dann sagen viele, auch Eltern: Die Kinder wollen ihre Eltern nicht mehr. Das stimmt so nicht, das ist eigentlich nur eine Ausrede«, korrigiert Wolfgang.

»Das zweite, was es so schwierig macht«, ergänze ich nun in der Elternrunde, »ist, dass wir, die Erwachsenen, wissen, was unsere Jugendlichen falsch machen, und wir wissen dann auch, was richtig ist: Mach deine Hausaufgaben, lerne für die Schule, sei pünktlich, spiele nicht zu viel Computer, trinke keinen Alkohol, benimm dich anständig, sei höflich zu den Verwandten usw. … Wir predigen alle diese gut gemeinten Ratschläge und jammern darüber, wenn die Jugendlichen sie nicht annehmen.«

»Ja, wann wird es denn endlich so weit sein, dass sie das verstehen?«, fragt Ulrike.

»Das müsste ja längst der Fall sein, jetzt ist er doch schon alt genug«, wirft Fred fast entnervt ein.

»Wir setzen all unsere Energie darauf, unsere Vorschriften durchzusetzen mit mehr oder minder drastischen Mitteln, kleineren oder größeren Verlockungen, und wenn es sein muss mit Erpressung, Nötigung und Verführung«, sagt Wolfgang.

Auch ich merke dazu an: »Wir geben oft keinen Raum fürs Aufblühen. Wir geben unseren Jugendlichen kaum die Zeit, selber zu entdecken, was sinnvoll ist, was sie weiterbringt. Wir muten es ihnen oft gar nicht zu.«

»Und genau das tun auch sehr viele gut gemeinte psychologisch-pädagogische Programme. Antiaggressionstraining, Antigewalttraining, Antimobbingtraining, und wie sie alle heißen. Sie denken vor«, ergänzt Wolfgang.

»Und Sie zielen darauf ab«, so wieder Annette, »das Problem zu vermindern, aber weniger darauf, eine Lösung zu finden, die die Interessen des Kindes mitberücksichtigt, oder?«

»Ja genau, deswegen haben wir unsere therapeutischen Maßnahmen ab etwa 2000 am Institut für Kind, Jugend und Familie grundlegend geändert«, sage ich.

»Eigentlich schon etwas früher in unseren Eltern-Kind-Gruppen«, korrigiert mich Wolfgang.

»Wie habt ihr das gemacht?«, will Franziska wissen?

»Wir haben einfach damit aufgehört, raffinierte Interventionen vorzugeben, bei denen wir indirekt schon wussten, was dabei herauskommen soll. Das richtige Rollenspiel mit der richtigen Fingerpuppe, das passende Rollenspiel, wenn der Jugendliche in der Rolle des Bösewichts ist, die richtige Fragetechnik, die richtige Zeichnung. All das hat uns sehr von den Jugendlichen entfernt«, betone ich.

»Wir haben stattdessen angefangen, in unserer Jugendgruppe Rahmen vorzugeben, in denen sich das Leben entfalten kann. Wie zum Beispiel beim Hockeyspiel. Wir haben Möglichkeiten gegeben, wo Jugendliche im Handeln vor allem mit anderen, ihre Lösungen selbst entwickeln und entdecken können, was sie brauchen, um zu einer guten Lösung zu kommen. Das hat ganz viel Spaß gemacht und macht es bis heute noch. Jugendliche sind dabei sehr kreativ«, sagt Wolfgang.

»Wir haben es psychomotorisch-systemisch-lösungsorientierte Jugendgruppe genannt. Da konnte jeder seine Stärken aber auch seine Schwächen entdecken«, fügt Markus hinzu.

»Das kann aber schön problematisch werden«, wirft Annette ein.

»Wenn einer nun keine Stärken entdeckt und nur auf seine Schwächen aufläuft, was macht er denn dann?«, fragt Ulrike besorgt.

»Zugegebenermaßen ein Problem«, antworte ich. »Martin Seligmann, der Begründer der Positiven Psychologie, hat mir auf diese Fragen zur Antwort gegeben: ›Da musst du dann was Konkretes anbieten, einen Vorschlag, was man tun könnte, bereit haben. Wenn jemand in einer hoffnungslosen depressiven Situation ist, fällt ihm nichts mehr ein. Das hat einen Wendepunkt in unserem systemisch lösungsorientierten Therapieansatz dargestellt.«

»Außerdem«, poltert Fred, »kann man ihnen doch nicht alles durchgehen lassen, man muss ihnen einen Rahmen setzen, wie ihr sagt, und dann schauen was sich entwickelt. Irgendwas muss man schon vorgeben, oder?«

»Ich finde das alles schon sehr interessant«, meldet sich Ralf. »Jugendliche blühen ja offensichtlich auf und beginnen sich zu engagieren und zu begeistern. Gibt es nun Modelle, die uns erklären können, wie Jugendentwicklung gelingt und wie sie zu wertvollen Mitgliedern unserer Gesellschaft werden, um es einmal so blöd auszudrücken?«, fragt Ralf.

Ich antworte: »Dazu müssen wir wieder zurück über den großen Teich, diesmal nach Boston zur Tufts Universität, der Wirkungsstelle des Entwicklungspsychologen Richard Lerner. Er hat ein schlüssiges Modell, das uns helfen kann zu verstehen, wie und warum sich die meisten der Jugendlichen doch positiv entwickeln. Es ist, wie viele amerikanische psychologische Modelle, bestechend klar, einfach, gut verständlich und gleich auf Anhieb enorm praktisch.«

»Richard Lerner«, so setze ich fort, »und seine Frau Jacqueline sind Optimisten. Ja sogar mehr als das, sie haben Vertrauen in die Jugend und ihre Möglichkeiten.«

»Ganz im Gegensatz zu den immer wieder bemühten Defizit-, Krisen- und Stressszenarien rund um Heranwachsende, formulieren sie erfrischend positive Grundprinzipien der Jugendentwicklung«, ergänzt Simon.

Fred aus der Familiengruppe sagt: »Die sind beeindruckend. Ich hab Sie gelesen. Hier sind sie:

1. Junge Menschen haben das Potential, sich zu entwickeln und zu verändern. Weil das so ist, können wir davon ausgehen, dass alle Jugendlichen Stärken haben.

2. Alle, ausnahmslos alle Umgebungen, in denen Jugendliche leben, haben Stärken. Diese Stärken sind die Kraftquellen, die genutzt werden können, um eine positive Entwicklung der Jugend zu fördern. Robert Biswas Dieners Film »Happy« ist ein wunderbares Beispiel dafür, wie indische Kinder und Jugendliche ihre Umgebung in Kalkutta für ihre Entwicklung nutzen.

3. Diese Ressourcen können wir das sogenannte Entwicklungskapital nennen. Sie sind die soziale Nahrung für gesunde Entwicklung. Genau an das sollten wir denken, bevor wir in Pessimismus beim Umgang mit schwierigen sozialen Kontexten verfallen.

4. Dieses Entwicklungskapital finden wir in Familien, Schulen, Glaubenseinrichtungen, Jugendorganisationen, aber auch ganz allgemein in Gemeinden und anderen öffentlichen Einrichtungen.

5. Wenn die Stärken, die wir in jedem Jugendlichen finden können, mit den Stärken der »Gemeinde«, dem sogenannten Entwicklungskapital, verbinden können, dann ist es gut möglich, dass es eine positive Entwicklung gibt. Das heißt nichts anderes, als wenn ich einfühlsam auf meine Tochter höre, die gerade wieder rebelliert, und einen guten Kontakt zur Schule habe, dann steigen die Chancen, dass alles gut geht.«

»Wir können und sollen zuversichtlich sein, dass es in unserer Hand liegt, nämlich in der Hand der Eltern, Lehrerinnen und Lehrer, Erzieherinnen und Erzieher, Trainerinnen und Trainer usw., dass sich alle Jugendlichen gut entwickeln können. Aufbauend auf diesen Grundannahmen sind es die »5 C's«, durch die unseren Jugendlichen eine positive Entwicklung gelingt, so Lerner«, ergänze ich.

»5 C's, was ist denn das?«, fragt Annette.

»Das bedeutet«, antwortet Wolfgang, »Jugendliche, die kompetent (»Competence«) sind, Vertrauen (»Confidence«), Charakter, (»Character«), Verbindungen (»Connections«) haben und die sich um andere kümmern (»Caring«), werden sich gut entwickeln.«

»Ein bisschen genauer«, bittet Michaela.

»Nun, Kompetenz (*Competence*) meint die Entwicklung von Jugendlichen dahingehend, dass sie effektiv und gut in der Familie, in der Schule, in anderen sozialen Situationen und in der Arbeit agieren können«, antworte ich und erwähne auch: »Lerner unterscheidet 5 Gruppen von Kompetenz.

- Wissenskompetenz, die Fähigkeit, sich Wissen anzueignen,
- kognitive Kompetenz, die Fähigkeit, Zusammenhänge zu erkennen und dementsprechend zu handeln,
- soziale Kompetenz, die Fähigkeit, in sozialen Situationen gut agieren zu können,
- emotionale Kompetenz, die Fähigkeit, mit schwierigen Gefühlssituationen umgehen zu können und
- berufliche Kompetenz, das heißt praktisch durchs Leben zu kommen.

»Kompetenz hält Lerner für die Grundlage positiver Entwicklung«, ergänzt Wolfgang.

»Und wir Eltern können ihnen helfen, die zu entwickeln?«, fragt Fred neugierig.

»Ja, aber darauf kommen wir gleich«, vertröste ich ihn.

»Die zweite grundlegende Fähigkeit ist Vertrauen (*Confidence*). Ein tief im Inneren verwurzeltes Gefühl, selbst etwas wert zu sein und selbstwirksam sein zu können und an sich selbst Fähigkeiten wahrnehmen zu können«, setze ich fort.

»Die beste Kompetenz ist nichts wert, wenn ich kein Vertrauen habe.«

»Was muss denn so ein Jugendlicher, wenn er dann 17 bis 20 Jahre alt ist, alles an sich wahrnehmen können?«, fragt Annette.

»Richard Lerner nennt folgende altersmäßig abgestufte Punkte«, beginne ich:

- die Fähigkeit, schulisch etwas leisten zu können,
- die Fähigkeit, körperlich etwas leisten zu können,
- die Fähigkeit, adäquat auszusehen,
- die Fähigkeit, von den anderen akzeptiert zu werden,
- einen globalen Selbstwert zu haben,
- die Fähigkeit, eigenständig moralische Urteile zu sprechen,
- die Überzeugung Freunde zu haben (Fähigkeiten 1–7 bis etwa 13. Lebensjahr),
- die Überzeugung Beziehungen eingehen zu können,
- die Überzeugung in der Arbeit kompetent zu sein,
- ein Wissen davon zu haben, dass man witzig sein kann (Fähigkeiten 1–10 bis etwa 15. Lebensjahr),
- die Fähigkeit, mit Eltern eine entwickelte Beziehung zu haben,
- die Fähigkeit, intellektuell so auf der Höhe zu sein, dass man mit anderen umgehen kann,
- die Fähigkeit, kreativ zu sein (Fähigkeiten 1–13 bis etwa 17.–20. Lebensjahr).

»Eltern können das Vertrauen ihrer Kinder fördern, indem sie sie täglich spüren lassen, dass sie sie lieben. Simpel, aber einfach das Wichtigste. Zudem sollte man mit ihnen gemeinsam ihre Stärken entdecken und sie bei deren gezielten Ausbau begleiten«, fügt Wolfgang hinzu.

»Das dritte C betrifft die Verbindung (*Connection*). Dies ist die Fähigkeit, mit anderen Menschen positive Beziehungen einzugehen und ebenso mit sozialen Institutionen. Es kann jemand noch so kompetent sein – wenn er kein Vertrauen in sich selbst hat, wird er nicht erfolgreich sein und sich nicht gut entwickeln. Und man braucht die Verbindung zu anderen Menschen, um sich erfolgreich entwickeln zu können. Das meint das dritte C«, fahre ich zunehmend enthusiastischer werdend fort.

»Da geht's also darum«, so Annette, »dass es wichtig ist, die Beziehung zu den Kindern immer aufrecht zu erhalten.«

»Ja genau, es geht darum, respektvoll mit den eigenen Kindern zu sprechen und vor allem darum, ihnen zu zuhören, sich mit ihnen zu verbinden. So entwickeln sich Lösungen.«

»Verbindung heißt auch, dass wir alles tun sollten, damit unsere jungen Menschen Beziehungen suchen, und heißt letztendlich auch energisch einzugreifen, wenn die falschen Verbindungen gemacht werden«, ergänzt Markus.

»Ja wie geht denn das?«, fragt Ulrike.

»Richard Lerner ist da recht kompromisslos mit seinen Vorschlägen«, antworte ich. »Ihm kommt es darauf an, klar und unmissverständlich seine Meinung zu sagen, aber zugleich die Gesprächsbereitschaft nicht zu verlieren. Also zuhören und eigene Beispiele geben, aber durchaus bei seiner Meinung bleiben, Geduld und Verständnis zahlen sich aus, dann kommen schneller Lösungen vom Jugendlichen.«

»Das vierte C meint Charakter (*Character*). Hierunter versteht man die Fähigkeit, Respekt für die Gesellschaft und deren kulturelle Regeln entwickeln zu können und einen eigenen unabhängigen inneren Wertekompass zu haben«, erklärt Wolfgang fast philosophisch.

»Aha und das kann man auch lernen«, fragt Fred?

»Ja, sogar ziemlich gut«, sagt Wolfgang. »Das Wichtige dabei ist, die eigenen Werte gut vorzuleben, aber sie nicht aufzuzwingen.« »Dann kommt es darauf an, sich genau über die Aktivitäten oder Vorlieben zu informieren, bevor man loslegt und etwas als charakterlos verdammt.

Jugendliche lieben es übrigens, anderen zu helfen und für andere da zu sein. Dies ist entscheidend für einen guten Charakter und das ist auch erlernbar«, füge ich voller Pathos hinzu.

»Und was ist nun das fünfte C?«, fragt Alexandra.

»Das fünfte C steht für *Caring*. Hier geht es um die Fähigkeit, Fürsorge und Zuneigung für andere und einen Sinn für soziale Gerechtigkeit zu entwickeln, um die Fähigkeit, Empathie zu empfinden (Einfühlungsvermögen, das heißt zu fühlen, was der/die andere fühlt), im Guten wie im Schlechten und um Sympathie, die Fähigkeit, sich so zu fühlen, wie sich der andere fühlt«, erzählt Wolfgang.

»Das ist aber gar nicht so leicht, so selbstbezogen wie die sind«, runzelt Annette die Stirn.

»Ja, da heißt es achtsam zu sein, dran zu bleiben und selbst als ein gutes Modell für andere da zu sein«, antwortet Wolfgang.

»Wenn diese 5 C's gut ausgebildet sind, tragen Jugendliche etwas bei. Sie übernehmen Verantwortung in der Gesellschaft, beteiligen sich. Die Amerikaner nennen das ›Contribution‹ (Betrag). Das sechste C ist das Zeichen gelingender Entwicklung«, will ich abschließen.

»Die 5 C's haben aber auch eine andere Wirkung, nach Richard Lerner«, bremst mich Wolfgang. »Dies hat er in seiner 4-H-Studie zur positiven Jugendentwicklung festgestellt. Dabei wurden Mitglieder der größten Jugendorganisation Amerikas (mit über 7 Millionen Mitgliedern) untersucht. Die 4 H's stehen für ›Hand‹ (*Hand*: anderen etwas geben, selbst Hand anlegen), ›Heart‹ (*Herz*: einfühlsam sein), ›Head‹ (*Kopf*: gut nachdenken können) und ›Health‹ (*Gesundheit*: auf sich selbst achten). Es zeigte sich, dass regelmäßige Aktivitäten dieser Organisation dabei helfen, die 5 C's und damit Contribution zu erreichen, wodurch eine deutliche Reduzierung von problematischem Verhalten erzielt wird.«

»So einfach geht das?«, fragt nun Fred.

»Ganz so einfach nicht. Sehr wichtig ist, dass es verschiedene Wege gibt, die 5 C's und den ›sozialen Beitrag‹ zu erreichen. Und da kann es auch mal vorkommen, dass sich dabei ein Verhalten entwickelt, das nicht zu akzeptieren ist«, bemerkt Wolfgang.

»Es geht darum, eine Vielfalt von Möglichkeiten zu finden, wie man die Kinder dabei unterstützen kann, kompetent und vertrauensvoll zu werden, einen Charakter zu entwickeln, offen und bereit für soziale Verbindungen zu werden«, bringe ich mich wieder ein.

»Und wie geht das dann nun, dass das Ganze in Gang kommt?«, fragt Annette mit skeptischem Blick.

»Die Kunst liegt darin, dass die Stärken der Jugendlichen, die aufgespürt werden können, indem wir ihnen zuhören, mit den Ressourcen, die es in Familien, in Schulen und in der Gemeinde gibt, verbunden werden«, antwortet Wolfgang.

»Was sind nun die wichtigsten Ressourcen in Familien, Schulen und Gemeinden?«, fragt Annette neugierig.

»Die eindeutig wichtigste Ressource nach den Ergebnissen der 4-H-Studie, ist der Kontakt mit wichtigen Personen neben den Eltern, sogenannten Mentoren«, antwortet Wolfgang.

»Daraus kann man ableiten, dass für eine erfolgreiche Schule junger Menschen die Person des/der Lehrer/in und der positive Kontakt mit diesem/dieser, die entscheidende Komponente ist. Das sagt auch der australische Bildungsexperte John Hatty deutlich«, führe ich weiter aus.

»Die 4-H-Studie zeigt auch, dass regelmäßige außerschulische Aktivitäten, etwa in Vereinen und so weiter, exzellente Ergebnisse für eine positive Jugendentwicklung bringen. Jugendliche brauchen Kontakt zu anderen Erwachsenen, sie müssen den Zugang zu Einrichtungen, wo auch Erwachsene sind, haben. Nicht immer einfach, aber durchaus möglich, wie verschiedene Beispiele zeigen«, erzählt Wolfgang. »Max zum Beispiel war begabt im Sport, aber unausstehlich, bis ihn sein Tennistrainer als Hilfsinstruktor einstellte. Oder Richard, dem nur langweilig war und der heute beim Bogenschützenverein Kindern den Umgang mit Pfeil und Bogen beibringt. Oder Alfredo, der Schrecken der Lehrer, der einer der umsichtigsten Schulsprecher wurde.«

»Und der Sportverein und das Rote Kreuz, die freiwillige Feuerwehr, ja ich verstehe, dort sind sie dann mit anderen Erwachsenen zusammen«, freut sich Ulrike. »Deshalb ist es so wichtig und gut, dass sie mal wo anders sind, bei Onkel, Tante, Verwandten.«

»So, jetzt stopp, ich kenne mich bald nicht mehr aus bei Richard Lerners »fantastischem Modell.« Also noch einmal: Was ist das Wichtigste?«, fragt Fred ermüdet und deshalb fast unwirsch.

»Jugendliche brauchen die 5 C's, um sich gut entwickeln zu können, dann können sie einen Beitrag zur Gesellschaft leisten und laufen weniger Gefahr, verhaltensauffällig zu werden.

Dies gelingt am besten, indem man die Stärken der Jugendlichen mit den Stärken der Personen in Familien, Institutionen und Gemeinden verbindet. So kommen Jugendliche zum sogenannten »Thriving«, wie es Richard Lerner sagt, was einfach meint, dass sie begeistert nach etwas streben«, fasse ich noch einmal zusammen.

»Und sagt er endlich auch etwas darüber, was wir tun können?«, will Alexandra jetzt wissen.

»Ja, es gibt drei Wege für Eltern, die er die ›Großen 3‹ nennt«, antwortet Wolfgang.

»Und welche sind das?«, fragt wiederum Fred.

»*Erstens* halte die Beziehung zu deinem Kind immer in einem positiven, qualitätsvollen, respektvollen Rahmen.

Zweitens sei immer da, um dein Kind dabei zu unterstützen, Lebensfähigkeiten und Fertigkeiten zu entwickeln.

Drittens nutze jede Gelegenheit, damit dein Teenager Verantwortung und eine Führungsrolle übernehmen kann«, erkläre ich.

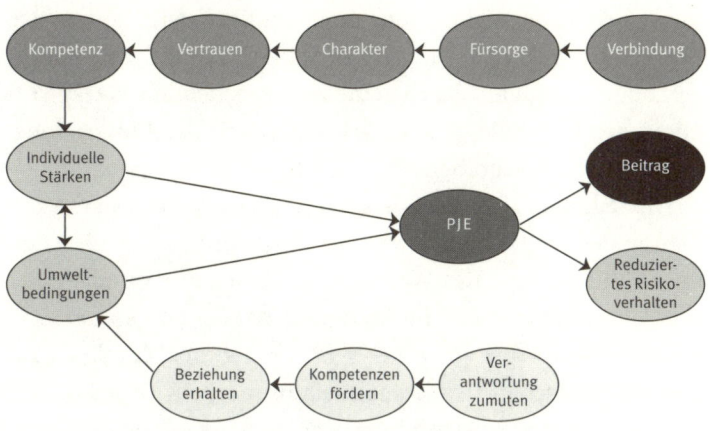

Abbildung 3: Positive Jugendentwicklung nach Lerner

»Das haut rein, dieses Modell der positiven Jugendentwicklung«, zollt auch Fred Anerkennung.

»Aber Sie haben auch etwas über das Aufblühen gesagt. Wie blühen Jugendliche nun auf? Gibt es hier auch ein Modell, das für uns hilfreich sein kann?«, fragt Alexandra.

»Ja eben«, sagt Holger, »wir haben jetzt schon einige Hinweise darauf, wie es gelingen kann, dass sich unsere Jugendlichen gut entwickeln. Ebenso haben wir einige der Geheimnisse gelüftet, warum sich 80 Prozent ja sowieso gut entwickeln. Aber wie geht das nun ganz konkret, dass unsere jungen Menschen aufblühen können, sich so begeistern können. Gibt es da vielleicht ein positives Modell, wie menschliches Wohlbefinden umfassend erreicht werden kann, wie Menschen aufblühen können?«

»Ja, das gibt es«, antworte ich, »es stammt von Martin Seligman, einem der Gründungsväter der Positiven Psychologie.

Martin Seligman ist in mehrerlei Hinsicht ein außergewöhnlicher Mensch. Er hat es bislang dreimal geschafft, Außergewöhnliches in der Psychologie zu leisten. Erstens mit seiner Theorie der erlernten Hilflosigkeit, die besagt, dass Menschen in aussichtslosen, uneindeutigen Situationen die Tendenz haben, sich dadurch zu retten, dass sie sich hilflos verhalten. Zweitens, durch seine bahnbrechenden Werke zur klinischen Psychologie und drittens durch die Entwicklung der Positiven Psychologie.

Als Seligman 1997 Präsident der größten Psychologenvereinigung der Welt, nämlich der der USA wurde, schockierte er im wahrsten Sinne des Wortes seine Kolleginnen und Kollegen. Und zwar mit der Ankündigung, dass es nun an der Zeit sei, die Psychologie von einer Wissenschaft der Krankheit zu einer Wissenschaft der Gesundheit zu machen. Es sei an der Zeit, das intensiv zu erforschen, was Individuen und Gemeinschaften zum Erblühen bringe und das Leben gelingen lasse.«

»Ein beispielsloser Boom«, so erzähle ich weiter, »war die Folge. Seligman präsentierte 2002 seine Theorie des authentischen Glücks.« Diesen Ausdruck habe er eigentlich nie richtig gemocht, erzählte er mir, als wir 2010 von einer Veranstaltung in Prag ins polnische Breslau gefahren sind. Der Positiven Psychologie gehe es eigentlich nicht um das Glück, sondern um gelingendes Leben. Glück sei ein viel zu uneindeutiger Begriff. Er wollte sein Buch immer »Grundlagen der Positiven Psychologie« nennen, nur der Verlag nicht. »Authentic happiness« kam raus. Der Begriff Glück führe nämlich in die Irre. Wir könnten nämlich nicht immer glücklich sein. Um ein glückliches Leben zu haben, müssen wir uns Herausforderungen stellen, die manchmal größer sind als wir selbst und anstrengend.«

Ich komme beim Erzählen langsam in Flow: »Seligman, ist aber auch in dieser Hinsicht ein außergewöhnlicher Mensch, als er Begegnungen und Erfahrungen sehr ernst nimmt. Ihm sei aufgefallen, dass er oft missmutig und schlecht gelaunt reagiere. Seine Kinder hätten ihm das direkt ins Gesicht gesagt. Das nahm er nicht als unveränderliches Etwas hin. Sein Credo ist ›Ich kann umlernen, ich kann mich entwickeln‹. Positive Psychologie beschäftigt sich wissenschaftlich damit, was uns besser, zufriedener und erfolgreicher leben lassen. Sagen wir es einfach einmal so. Und dies ist praktisch lern- und lehrbar«, schließe ich.

»Kann es also eine bessere Grundlage als die Positive Psychologie geben, um uns Gedanken darüber zu machen, wie unsere Jugendlichen den Weg hin zu einem zufriedenen Leben in Wohlbefinden schaffen?«, fragt Wolfgang in die Runde. Er klingt verschmitzt und manipulativ zugleich.

»Die erste Theorie der Positiven Psychologie die Martin Seligman 2004 aufstellte, war also die Theorie des authentischen Glücks. Da geht es ums Thema Lebenszufriedenheit. Was können Menschen tun, um ein zufriedenes, sagen wir auch glückliches Leben zu führen. Seligman führt drei Elemente an.

1. Erstens geht es um das *Erleben positiver Emotionen*, also positiver Gefühle. Nur wer positiv denken, handeln und fühlen kann, wird in der Lage sein, Zufriedenheit zu entwickeln. Doch dies allein ist nicht genug.
2. Es geht zweitens um *Engagement*. Hier arbeitet er mit Csikszentmihalyi zusammen, der den Begriff des Flow geprägt hat, einem Zustand bei dem wir ganz konzentriert in einer Tätigkeit aufgehen, sodass die Zeit im Fluge zu vergehen

scheint. In diesem Zustand des Engagements, so Seligman, fühlen wir eigentlich nichts. Um in ihn zu gelangen, bedarf es harter Arbeit, wie Seligman sich auszudrücken pflegt. Und Flow ist hoch effektiv, sei es in unserem Beruf oder sei es in unseren privaten Angelegenheiten. Der Weg zu Flow und Engagement führe vor allem über das Nutzen von Charakterstärken.

Seligman und der berühmte, leider schon verstorbene Christopher Peterson von der University of Chicago haben sechs Tugenden gefunden, die auf der ganzen Welt quer durch alle Kulturkreise zu finden sind (siehe Kapitel 5). Insgesamt 24 Charakterstärken führen zu diesen Tugenden.

Es sei nun viel besser, so Seligman, die bestausgebildeten Stärken zu entdecken und zu nutzen, als darum zu kämpfen, seine Schwächen auszumerzen. Dadurch habe man zwar ein bisschen weniger Schwäche und Probleme, lasse aber das ungeheure Potential der Stärken ungenutzt liegen. Passt dies nicht gut zur bisher geführten Pubertätsdiskussion?«, suggeriere ich.

3. »Das dritte Element der Theorie des authentisches Glücks ist der *Sinn*. Sinn bedeutet, für etwas einzutreten, das über das Ziel des einzelnen hinausgeht, das etwas größer ist als man selbst. Es bedeutet das Nutzen der eigenen Schaffenskraft für ein größeres Gemeinsames«, schließe ich ab, um gleich weiter zu sprechen:

»Wie ich aus zahlreichen eigenen Gesprächen weiß, war Martin Seligman mit der Theorie des authentischen Glücks nie richtig glücklich. Drei Argumente führte er immer wieder an.

Erstens sei Glück viel zu eng an positive Emotionen und heitere Stimmung geknüpft. Zweitens erschien ihm das Ziel der Authentic-Happiness-Theorie, nämlich Lebenszufriedenheit, ungenügend. Der Begriff Lebenszufriedenheit implementiere eine heitere Gemütsverfassung. Es gäbe nun aber auch Menschen, die seien reservierter, auch scheuer. Eine Theorie von einem gelingenden Leben dürfe diese nicht ausschließen. Drittens meinte Seligman, dass positive Gefühle, Engagement und Sinn noch nicht alles abdeckten, was zu einem gelingenden Leben dazugehöre. Ein gelingendes Leben in Wohlbefinden, Aufblühen ›Flourishing‹, so argumentierte Martin Seligman immer wieder, könne nur mit einer Theorie erklärt werden, die subjektive und objektive Elemente enthalte, die Menschen um ihrer selbst willen machen. Es wäre nicht Martin Seligman«, fahre ich fort, »hätte er nicht pausenlos an der Entwicklung dieser neuen Theorie gearbeitet. Als erstes legte er in seiner ›Theorie des Aufblühens‹ menschliches Wohlbefinden als Ziel fest. Menschliches Wohlbefinden sei gegeben, wenn Menschen sich entwickeln und aufblühen und so ihr Leben gestalten.

Die Elemente dieser Theorie müssten drei Kriterien entsprechen.

- Erstens müssten sie grundsätzlich zum Wohlbefinden beitragen.
- Zweitens streben Menschen diese Elemente um ihrer selbst willen an.
- Drittens, sie lässt sich unabhängig von den anderen Elementen definieren. Das ist psychologisch wichtig«, referiere ich.

»In seinem Buch ›Flourishing – Wie Menschen aufblühen. Die Positive Psychologie gelingenden Lebens‹, stellt Martin Seligman das PERMA-Modell mit fünf Elementen vor.
Die 5 Elemente seiner Theorie des Wohlbefindens sind:

- **P**ositive Emotions (Positive Emotionen)
- **E**ngagement (Engagement)
- **R**elationship (Beziehungen)
- **M**eaning (Sinn im Leben)
- **A**ccomplishment (Erfolg, Zielerreichung und Gelingen).«

Kurz stelle ich den Eltern die Elemente vor.

1. »Positive Gefühle und das Erleben positiver Gefühle sind das Erste und nicht weg zu denkende Element der Theorie des Wohlbefindens. Positive Gefühle zu erleben, zu haben und zu behalten, danach strebt grundsätzlich jeder Mensch. Es steht außer Zweifel, dass diese positiven Gefühle wie Hoffnung, Stolz, Neugierde, Freude und besonders Liebe zum Wohlbefinden beitragen. Trotzdem kommt es nach Barbara Fredrickson auf das richtige Verhältnis an. Nur positive Gefühle können auch ungesund sein. Es braucht ein Verhältnis von 3 zu 1 von positiven zu negativen Gefühlen.

2. Engagement ist das zweite Element, das Seligman für seine Theorie des Wohlbefindens nennt. Flow ist das entscheidende Element für wirkliches Engagement. In Flow zu geraten, das meint die Fähigkeit, sich völlig auf eine Sache zu konzentrieren, diese zu genießen und sich völlig darum kümmern zu können. Es liegt auf der Hand, dass diese beiden Elemente – positive Emotionen und Engagement – subjektive Kriterien sind. Das heißt wir erleben sie in uns selbst. Zugleich sind die beiden Elemente voneinander unabhängig. In Flow fühlt und spürt man üblicherweise gar nichts, dies ist ein deutlicher Unterschied zu den positiven Emotionen. Und wie schon erwähnt, ist Stärkennutzung der Schlüssel zum Engagement.

3. Das dritte Element sind ›Beziehungen‹ (Relations). Der Mensch bezieht seinen Sinn daraus, dass er gemeinsam mit anderen auf der Welt ist. Wie war es bei Ihnen, fragt Seligman oft. Wann haben Sie das letzte Mal laut über einen Witz gelacht? Wann haben Sie das letzte Mal unbeschreibliche Freude empfunden? Wann unglaubliche Befriedigung? Ist das alles nicht im Zusammenhang mit anderen Menschen passiert? Seligman argumentiert bestechend, dass das Menschsein durch das Kriterium der Beziehung definiert

ist. Der Mensch werde, wie auch Martin Buber sagt, ›zum Mensch am Du und am Anderen‹. Zugleich, so Seligman, sucht der Mensch Beziehung um seiner selbst willen. Es ist ein biologisches Grundgesetz, dass Menschen, die in Beziehung leben, besser und sicherer überleben. Zum Wohlbefinden gehören Rückhalt und gesicherte Beziehungen dazu. Genau das ist für das Gelingen von Pubertät und Heranwachsen entscheidend.

4. Das vierte Element ist M wie ›Meaning‹ (Sinn). Ich kenne keinen auch noch so schwierigen Jugendlichen, der sich nicht ungemein zu seinem Besseren verändert hat, wenn er etwas gefunden hat, das ihn völlig packt und ihm Sinn gibt. Wenn er also eine Herausforderung hat, die etwas größer ist als er selbst. Etwas Größeres zu schaffen als man selbst ist, ist für eine Gemeinschaft ein starkes und motivierendes Lebensziel. Ich kenne es von mir selbst. Das gibt mir die Kraft für neue Visionen für das Institut, für neue Visionen im Umgang mit Eltern, die Kraft, dieses Buch zu schreiben.

5. Das letzte Element für Wohlbefinden ist ›Accomplishment‹, also Erfolg, Zielerreichung, Gelingen. Dabei geht es nicht um instrumentalisierte Zielerreichung (also: wenn ich das …, dann …) sondern um Zielerreichung um des Zieles selbst willen. Ich habe dies erlebt, als ich in Amsterdam den Halbmarathon in knapp über zwei Stunden beenden konnte. Ich war da im Ziel, ich habe etwas geleistet, ich habe etwas erreicht. Dies gibt ein unglaubliches Gefühl positiver Befriedigung. Viele Jugendliche kennen genau dieses Ziel. Seligman nimmt es deswegen als fünftes Element auf.«

Alle sind begeistert. Ich schließe diesen Exkurs: »Die Theorie des Wohlbefindens, die sogenannte PERMA-Theorie, ist für Seligman zugleich eine subjektive und objektive. Augenscheinlich ist das bei den Beziehungen. Beim Sinn meint er zum Beispiel, dass jemand Sinn in etwas finden kann, das aber nur dann wirklich zum Sinn wird, wenn es auch etwas für das soziale Ganze beiträgt. Wenn dies nicht so ist, dann ist es letztendlich eine sinnlose Angelegenheit, auch wenn es subjektiv als sehr sinnvoll erlebt wird. Eine sehr spannende Ausgangsbasis, um über verschiedene Verhaltensweisen von pubertierenden und heranwachsenden Jugendlichen zu sprechen. Das Zusammenspiel dieser Elemente, so Martin Seligman lässt Leben gelingen, lässt aufblühen. Flourishing nennt er dies.«

»Was meint Flourishing?«, fragt Ulrike. »Das hat Felicia Huppert von der Cambridge Universität definiert«, antwortet Simon. »Die Kerneigenschaften von Flourishing sind:

- das Erleben von positiven Gefühlen,
- engagiert zu sein, Interessen zu haben,
- in seinem eigenen Leben Sinn und Bedeutung zu haben und mindestens drei der folgenden zusätzlichen Eigenschaften:
- Selbstachtung,
- Optimismus,
- Resilienz (Widerstandskraft),
- Vitalität,
- Lust am Leben,
- Selbstbestimmtheit,
- positive Beziehungen.«

»Glück, Wohlbefinden, gelingendes Leben sind also eine Gemeinschaftssache. Kooperation macht glücklicher als Konkurrenz. Ist das neurobiologisch nicht ganz daneben? Sind wir nicht Konkurrenzwesen?«, fragt Holger, der Berliner Arzt.

»Darwin behauptet, das größte Glück des Menschen sei es, nach Nähe, Intimität und Beziehung zu streben. Anhand der neurobiologischen Grundlagen von Tobias Esch, Richard Davidson und Rick Hanson«, erzähle ich weiter, »konnte ich gut aufzeigen, dass die Neurobiologie des Menschen, der sich wohlfühlt, eine positive und kooperative Erfolgsbiologie ist.«

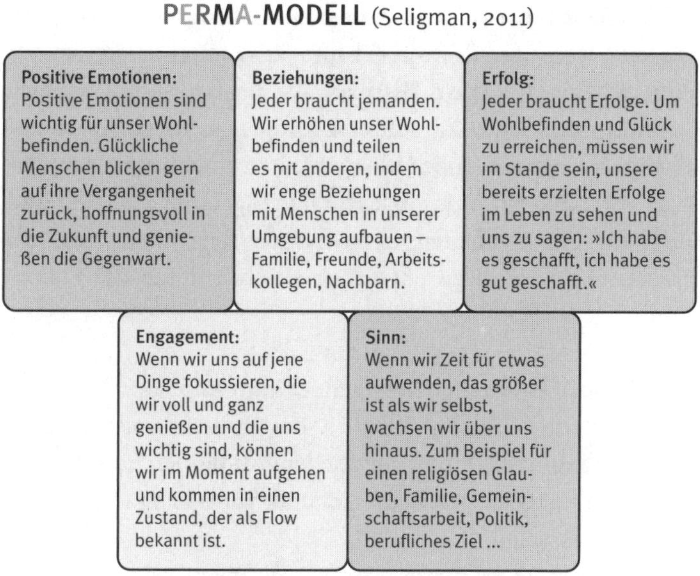

PERMA-MODELL (Seligman, 2011)

Positive Emotionen:
Positive Emotionen sind wichtig für unser Wohlbefinden. Glückliche Menschen blicken gern auf ihre Vergangenheit zurück, hoffnungsvoll in die Zukunft und genießen die Gegenwart.

Beziehungen:
Jeder braucht jemanden. Wir erhöhen unser Wohlbefinden und teilen es mit anderen, indem wir enge Beziehungen mit Menschen in unserer Umgebung aufbauen – Familie, Freunde, Arbeitskollegen, Nachbarn.

Erfolg:
Jeder braucht Erfolge. Um Wohlbefinden und Glück zu erreichen, müssen wir im Stande sein, unsere bereits erzielten Erfolge im Leben zu sehen und uns zu sagen: »Ich habe es geschafft, ich habe es gut geschafft.«

Engagement:
Wenn wir uns auf jene Dinge fokussieren, die wir voll und ganz genießen und die uns wichtig sind, können wir im Moment aufgehen und kommen in einen Zustand, der als Flow bekannt ist.

Sinn:
Wenn wir Zeit für etwas aufwenden, das größer ist als wir selbst, wachsen wir über uns hinaus. Zum Beispiel für einen religiösen Glauben, Familie, Gemeinschaftsarbeit, Politik, berufliches Ziel ...

Abbildung 4: PERMA-Modell von Martin Seligman

»Positive, kooperative Erfolgsbiologie?«, ärgert sich Armin. »Geht's bitte noch unverständlicher!«

»Ein Mensch, der ein gelingendes Leben führt«, antworte ich »ist integriert, wie es Daniel Siegel sagt. Er ist in der richtigen Balance zwischen der Aussicht auf Erfolg und Belohnung, die den Dopamin- und Motivationskreislauf ankurbelt, der Produktion des notwendigen Stresslevels, um dafür die nötige Anstrengung leisten zu können, und der Produktion der notwendigen Entspannungs-Transmitter und Neuropeptide, um zu entspannen und in einem ausgeglichenen Zustand zu sein. Und seit der Entdeckung des Wohlfühlhormons Oxytocin wissen wir: Da tut sich nix ohne Beziehung.«

»Ein Mensch mit einem gelingenden Leben«, so Wolfgang, »hat intakte Verbindungen zwischen Großhirn und emotionalen Zentren, einen gut entwickelten Resonanzkreislauf, ist in der Lage, sich einzufühlen und zu entwickeln.«

»Ich habe auch aufgezeigt, dass all diese neurobiologischen Fakten gut mit der PERMA-Theorie zusammenpassen. In der Pubertät finden wir ein Hirn vor, das im Umbau ist, wo sich Verbindungen und Bahnen erst festigen werden. Es ist unglaublich plastisch, voller Möglichkeiten und nimmt dankbar jede Anregung auf. Was gibt es für den Jugendlichen selbst und auch für die beteiligten Erwachsenen Reizvolleres, als ein Flourishing Gehirn zu entwickeln«, schließe ich die Elternrunde.

Um was geht es nun in den folgenden fünf Kapiteln.

Wir werden die fünf PERMA-Bestandteile noch genauer auf ihre Tauglichkeit, zu jugendlichem Aufblühen beizutragen, untersuchen. Dies geschieht anhand von Gesprächsrunden und Fallbeispielen.

Daraus entwickeln wir konkrete Übungen, wie bei heranwachsenden Jugendlichen Aufblühen und Wohlbefinden entstehen und bleiben kann. Diese Übungen werden wir auf drei Ebenen anbieten.

- Erstens für Eltern selbst,
- zweitens Übungen, die Eltern anwenden können, um ihre heranwachsenden Jugendlichen zu unterstützen,
- Übungen für den Jugendlichen selbst.

Denn eines ist klar: Glücklich sein fängt bei einem selbst an. Wer als erwachsene erziehungsverantwortliche Person selbst in der Mitte und integriert ist, kann seinem Kind ein exzellentes Modell sein. Dann werden Unterstützung und Umgang kongruent.

Zusammenfassung

- Praktische Erfahrungen, wie auch Untersuchungen zeigen, dass es Jugendlichen möglich ist, aufzublühen und begeistert nach etwas zu streben.
- Das gängige Therapie- und Erziehungsmodell bremst diese Tendenz aufzublühen.
- Das 5-C-Modell von Richard Lerner zeigt, wie positive Jugendentwicklung grundsätzlich gelingen kann.
- Das PERMA-Modell von Seligman zeigt konkrete Wege, wie Aufblühen gelingen kann.
- Positive Jugendentwicklung ist förder- und entwickelbar. Möglichkeiten aufzublühen sind persönlich erlernbar und lehrbar.

4. Kapitel

Positive Gefühle und jugendliches Aufblühen

Was erwartet Sie in diesem Kapitel? Ausgehend von den dargelegten neurowissenschaftlichen Grundlagen des sich entwickelnden Gehirns von Jugendlichen, haben wir im letzten Kapitel fünf Elemente beschrieben, die jugendliches Aufblühen nach der Positiven Psychologie ermöglichen sollen. Das sind positive Gefühle, Engagement, positive Beziehungen, positiver Sinn und Erfolg oder Gelingen.

Sehen wir uns zunächst näher an, welche Rolle dabei die positiven Gefühle spielen.

»Was sind denn Gefühle? Was verstehen Sie darunter?«, fragen Gloria und Wolfgang in die Runde. »Welche Gefühle kennen Sie denn?« »Na wenn es mich durchzuckt, wenn er wieder seine Sachen nicht weggeräumt hat. Ich werde dann unglaublich ärgerlich«, sagt Fred, der Vater eines 15-Jährigen. »Oder ich bekomme eine unglaubliche Wut, wenn er wieder seinen kleineren Bruder aus nichtigen Gründen schlägt. Ich werde richtig aggressiv und kann mich kaum beherrschen.«

»Unsere Christiane war ganz traurig, als unsere Katze gestorben ist. Sie hat sich kaum beruhigen können. Dabei war das Tier schon über 16 Jahre alt. Und ich bekomme die Panik ganz unabhängig von meinen Kindern, wenn ich eine Spinne sehe.« »Kennen Sie auch andere Gefühle?«, fragt Gloria noch einmal nach. »Na klar«, antwortet Alfred: »wenn mein Christian ein Tor beim Fußballmatch schießt, werde ich fast verrückt vor Freude. Das wird wohl ein positives Gefühl sein, oder?«

»Als Johanna das letzte Mal so wundervoll vorgespielt hat, bin ich ganz stolz gewesen, und die Rührung hat mich übermannt. Ich musste heimlich weinen. Mein Mann scheint unverwüstlich. Der gibt die Hoffnung nie auf, er ist unverbesserlich optimistisch und gut gelaunt.«

Wolfgang muss sich sammeln und einmal für sich selber feststellen, dass er jetzt nicht bei der Psychologie-Prüfung ist. »Gefühle sind innere Erlebnisse, die jeder von uns hat, und die jenseits des Denkens stattfinden. Das sind starke Gemütsbewegungen. Sie haben immer einen Auslöser, der uns allerdings nicht immer bewusst sein muss. Unsere grundlegenden Gefühlsregungen, darüber ist sich die Wissenschaft einig, haben sich im Laufe der Evolution herausgebildet und sind wahrscheinlich auch genetisch angelegt. Einig ist man sich in neuester Zeit auch darüber, dass Gefühle nicht unabänderlich über uns hereinbrechende Mächte sind, sondern dass sie durch uns formbar und beeinflussbar sind.«

»Na welche Gefühle gibt's denn jetzt?«, fragt Astrid interessiert nach? Gloria ist nun in ihrem Element: »Wir können positive und negative Gefühle unterscheiden oder besser gesagt angenehme und unangenehme. Dies ist wahrscheinlich exakter. Zu den unangenehmen, in unserer Zeit oft als negative Gefühle bezeichneten, gehören Angst, Furcht, Abscheu, Ekel, Wut, Panik, Ärger, Zorn, Traurigkeit – um nur einige zu nennen.« »Und welche Positiven gibt es?«, fragt Hermann, der Postbeamte, der heute wieder einmal dabei ist, nach.

»Da unterscheidet die amerikanische Psychologin Barbara Fredrickson zehn verschiedene: Freude, Dankbarkeit, Heiterkeit, Interesse, Hoffnung, Stolz, Vergnügen, Inspiration, Ehrfurcht und als Wichtigstes von allen – Liebe!«, antwortet Gloria.

»Liebe ist das Gefühl, das alle anderen mit beinhaltet. Barbara Fredrickson sagt, dies sei die wichtigste positive Emotion überhaupt.«

»Und was ist Liebe dann?« »Ich sage einmal was Liebe nicht ist. Liebe ist nicht sexuelle Begierde, eine spezielle Verpflichtung, ein exklusives Versprechen, immer, dauernd und unbedingt.«

Alle sind überrascht. »Ja was denn dann?« »Liebe ist, wenn zwei Personen miteinander in Resonanz sind, positive Emotionen teilen, verhaltensmäßig gleich agieren und wechselseitig auf sich achten, ohne ihren eigenen Vorteil in den Vordergrund zu stellen. Liebe ist momentan und kann auch wieder vergehen.« »Wenn sie längere Zeit bleibt«, so Gloria »baut sich eine starke Verbundenheit auf, man fühlt sich wechselseitig sozial verpflichtet.«

Fred findet an Glorias Vortrag Gefallen und will gleich noch mehr wissen. »Na, wie kommt es denn zu den negativen Emotionen oder zu den unangenehmen?«, fragt er nach.

»In unserem Gehirn«, so Gloria »ist das sogenannte limbische System, das ist ein System, das unter unserem Großhirn liegt und hauptsächlich verantwortlich für unseren Gefühlshaushalt ist. Der Generalsensor der sogenannten unangenehmen oder negativen Gefühle, vor allem aber der Angst, ist der Mandelkern auch Amygdala genannt (siehe Abbildung 2). Der Mandelkern ist unser Wachhund.

Er schlägt an, wenn Gefahr droht, zum Beispiel durch ein angreifendes Tier oder in einer Straßenverkehrssituation. Er leitet die körperlichen Reaktionen, die es bei Emotionen gibt, nämlich beobachtbare Veränderungen wie Anstieg des Blutdrucks, gepresste Atmung, Anspannung der Muskeln, Schweißausbruch und dergleichen weiter und leitet möglicherweise eine sofortige Reaktion durch die Aktivierung von Stresshormonen wie Adrenalin und Kortisol ein. So schützt er uns, wenn wir das so sagen wollen, in einer überraschenden Strsssituation, lässt uns erstarren oder so schnell wie möglich davonlaufen.

Unser Mandelkern wird auch aktiv, wenn unser Großhirn, vor allem der schon genannte präfrontale Kortex, Gefahr oder Bedrohung signalisiert, und die muss nicht immer real sein, wie Sie sich sicher vorstellen können. Wir können uns in unserem Stress und unserer Überarbeitung von irgendetwas bedroht fühlen. Aber normalerweise klingen die Stressreaktionen ab, und eine der Formationen im Gehirn, die für unser Erinnern zuständig ist, der Hippocampus, gibt durch spezielle Hormonausschüttungen Entwarnung.«

»Hält der Stress aber an, weil wir«, so Wolfgang »keine Ruhe geben können und weiter ›sinnlos‹ besorgt sind, dann verliert der Hippocampus irgendwann seine Fähigkeit, rechtzeitig zu bremsen und verkümmert im wahrsten Sinne des Wortes. Das haben wir oft bei Burnout oder depressiven Situationen, vor allem, wenn die länger andauern.

Zudem wissen wir ja, dass der Mandelkern in der Jugend erhöht empfindlich ist und die Systeme im Großhirn, die den Mandelkern bremsen könnten, noch nicht richtig ausgereift sind. Der Mandelkern ist obendrein ein sehr nachtragender Geselle. Er merkt sich alles Negative, das heißt in ihm sind auch alle negativen Ereignisse der frühen Kindheit gespeichert. Auf diese reagiert er immer hoch sensibel. Der Mandelkern vergisst fast nichts an Kränkung.«

»Heißt das dann, dass frühkindliche Verletzungen und Traumata nicht mehr geheilt werden können?«, fragt Maria, die Krankenschwester, ganz erstaunt.

»Nein, das heißt es nicht«, korrigiert Wolfgang, »aber sie spielen natürlich eine Rolle, und es braucht wahrscheinlich erhöhte und vor allem, wie wir noch sehen werden, positive Anstrengungen, um zu einer positiven Entwicklung zu kommen.«

»Wie läuft das dann bei den positiven Emotionen?«, fragt Marianne. »Der Dreh- und Angelpunkt der positiven Emotionen«, antwortet Wolfgang, »ist der sogenannte Nucleus accumbens. Einer der Kerne, der auch für Bewegung zuständig ist und unter dem Großhirn liegt. Anhand von Rattenversuchen, so grausam dies klingt, konnte man per Zufall feststellen, dass, wenn bei Ratten dieser Gehirnbereich stimuliert wird, etwa durch einen Stromschlag, wenn sie eine Taste drücken, die Ratten nicht mehr aufhören, sich diese Stimulation zu holen. Sie werden richtig süchtig danach, sie verzichten auf Nahrung und sterben lieber, als dass sie aufhören, sich diesen Reiz zu suchen.

Der Nucleus accumbens forciert nämlich die sogenannte Dopamin Produktion. Dopamin ist ein Neurotransmitter, der zuständig dafür ist, dass wir positiv in Schwung kommen und unser Großhirn mit Begeisterung nachdenkt und mitarbeitet.

Interessant ist, dass der Nucleus accumbens vor allem dann aktiv wird, wenn Aussicht auf Belohnung besteht, nicht erst nach erreichter Belohnung. Die Aussicht, etwa in einer sicheren, wohlmeinenden Beziehung zu schaffen, auch beim Lernen, wo man positiv unterstützt wird, entfacht dann die Begeisterung, und das Dopamin ist der Transporteur dieser Begeisterung.«

»Und wann läuft dann positives Erleben?«, fragt Manfred neugierig nach. »Dann«, so Wolfgang, »wenn der Nucleus accumbens und vor allem der linke präfrontale Kortex gut zusammenspielen.«

»Das heißt also vereinfacht gesagt – positive Handlungen, positive Gedanken, positive Gefühle«, schließt Marianne daraus.

»Durchaus, so kann man es sagen«, meint Gloria. »Und wenn etwas erreicht wird, also ein Erfolg eingetreten ist und mithilfe des Stresssystems eine Anstrengung bewältigt worden ist, dann schüttet dieses Belohnungssystem sogenannte Morphine aus, also das körpereigene Morphium, das dann so herrlich entspannt.«

»Bei der Drogensucht ist es also nichts anderes als der leider oft erfolgreiche Versuch, sich Entspannung durch die Droge zu verschaffen?«, bemerkt Marianne.

»Ja«, sagt Gloria, »und durch das Vermitteln von positiven Gefühlen können wir dagegen wirken.«

»Und was läuft dann bei der Liebe?«, fragt Maria nun nach.

»Bei der Liebe sind das Belohnungssystem, aber auch das Resonanzsystem eingeschaltet«, erklärt Gloria. »Das Resonanzsystem besteht aus dem sogenannten Spiegelneuronensystem und aus Gehirnarealen, die für Körperempfindungen (Insula, anteriorer cingulärer Kortex) und für den Vergleich positiver Erfahrungen verantwortlich sind (präfrontaler und temporaler Kortex). Diese kommen bei der Liebe gemeinsam ins Schwingen.«

»Aha, mir ist nun klar, dass Liebe also nichts für kleine Kinder ist«, scherzt Klaus.

»Ja, bis zu einem gewissen Grad kann man dies durchaus sagen, weil diese Gehirnregionen in der Pubertät noch nicht reif sind und vor allem sehr beeinflussbar«, ergänzt nun Wolfgang. »Das heißt also für unsere Pubertierenden«, fragt Franz nach, »positive Gefühle zu erleben ermöglicht Liebe und Resonanz?«

»Aber bitte, schauen wir uns doch um«, sagt Annette skeptisch. »Nicht das Positive dominiert, sondern das Negative, die negativen Emotionen. Überall Streit, Missgunst, Rivalität, Zorn, Wut, das sehen wir, das hören wir, das erleben wir leider auch mit unseren Kindern. Also, die negativen Emotionen dominieren wohl eindeutig. Bist du da einmal hineingeraten oder hast eine genetische Disposition dafür, dann kommst du nicht mehr raus.«

»Ja, es stimmt durchaus«, räumt Gloria ein, »die wissenschaftliche Psychologie hat sich lange auf die Untersuchung negativer Emotionen und ihrer Auswirkungen auf das menschliche Erleben und Verhalten konzentriert. Wir haben durchaus auch Bahnbrechendes geleistet, wie wir noch sehen werden, um negative Emotionen unter Kontrolle zu bekommen. Aber das ist nicht alles. Die amerikanische Psychologin und Forscherin Barbara Fredrickson hat sich ausführlich mit dem Einfluss positiver Emotionen auf das menschliche Verhalten und Erleben beschäftigt und hat dies in ihrem aufregenden Buch ›Die Macht der positiven Gefühle‹ niedergeschrieben.

Zwei Kernwahrheiten führt sie an. Erstens: Positive Emotionen öffnen unsere Herzen und unseren Geist, sodass wir empfänglicher und kreativer werden.« »Und das hat sie wissenschaftlich untersucht?«, fragt Annette. »Ja, in sozialpsychologischen Versuchsanordnungen, bei der Entwicklung ihrer Broaden-and-Built-Theorie, die besagt, dass das Erleben positiver Gefühle die Handlungsmöglichkeiten des Menschen erweitert und neue positive Handlungen ermöglicht. Die zweite Kernwahrheit lautet wie folgt: »Eine positive Lebenseinstellung macht uns zu besseren Menschen. Indem wir unsere Herzen und unseren Geist öffnen, können wir neue Fähigkeiten, neues Wissen und neue Möglichkeiten unseres Seins entdecken, ausloten und aufbauen.«

»Klingt schön«, antwortet Maria. »Erlebe ich aber leider nur sehr selten bei meiner Tochter.« Gloria darauf: »Ja, ist aber wissenschaftlich recht gut erwiesen. Es mag seltsam klingen«, hebt Gloria die Hand. »Professor Fredrickson konnte Folgendes nachweisen: Menschen, die sich über einen Zeitraum von sechs Monaten mit der Loving Kindness Meditation beschäftigen, diese also zwei Mal pro Woche ausführen, bauen verstärkt negative Gefühle ab und positive auf. Der Hauptinhalt der Loving-Kindness-Mediation besteht darin, sich und andere wertzuschätzen und ihnen alles Gute zu wünschen.«

»Was sind dann nun die Hauptaussagen von Fredrickson?«, fragt Fred nach.

»Sechs Fakten führt sie an, die sie in ihrer wissenschaftlichen Forschung bestätigen konnte«, beginnt Gloria ihre Antwort.

»*Erstens*: Positive Gefühle sind angenehm. Das klingt zwar nicht weltbewegend, ist es aber. Positive Gefühle sind angenehme Erfahrungen, die uns mit einem inneren Glühen erfüllen. Denken wir doch einmal an positive Erinnerungen, an positive Ereignisse in der Zukunft oder denken Sie daran, wann sie mit ihrem Teenager das letzte Mal ein gutes Gespräch geführt haben.

Wir suchen solche positiven Emotionen, wir haben Sehnsucht nach ihnen. Dies sagt schon Charles Darwin: ›*Der Mensch findet, übereinstimmend mit dem Schiedsspruch aller Weisen, dass die höchste Befriedigung sich einstellt, wenn man ganz bestimmten Impulsen folgt, nämlich den sozialen Instinkten.*

Wenn er zum Besten anderer handelt, wird er die Anerkennung seiner Mitmenschen erfahren und die Liebe derer gewinnen, mit denen er zusammenlebt; und dieser Gewinn ist ohne Zweifel die höchste Freude auf dieser Welt. (Darwin, 1887)‹

Aber vorsichtig, es ist nicht alles gut, was angenehm scheint, es ist nicht alles Gold was glänzt. Es gibt Fälschungen positiver Gefühle. Nämlich Drogen, Freizeit- und Glücksspiel, übermäßiges Essen und so weiter. Die weiteren Fakten beziehen sich daher auf positive Emotionen in Reinkultur.

Zweites Faktum: Positive Gefühle erweitern den Horizont. Stellen Sie sich nur selber vor, um wie viel mehr Sie bereit sind etwas aufzunehmen, wenn Sie positiv gestimmt sind. Plötzlich können Sie zuhören. Ihr Teenager übrigens auch. So entkommen Sie der Enge der Negativität. Das ist die erste Kernwahrheit der Broaden-and-Built-Theorie, wie schon angeführt.

Drittens: Positive Emotionen schaffen neue Ressourcen, neue Möglichkeiten und die brauchen Teenager, die oft in tiefen Schwierigkeiten stecken, durchaus. Das Sammeln auch der kleinsten und flüchtigsten positiven Elemente im Leben zum Beispiel in einem Tagebuch oder einfach durch die bloße Wahrnehmung dieser positiven Dinge bilden möglicherweise dauerhafte Ressourcen für das Leben. So entwickeln sie langsam eine positive Lebenseinstellung, und diese eröffnet ihnen den Pfad zu einem erfolgreichen Leben. Negative Emotionen sind nicht falsch. Sie wirken sich in der Gegenwart aus und wir brauchen sie als Schutzschilder. Positive Emotionen sind für die Zukunft.«

Viertens: ganz wichtig ist, dass positive Gefühle widerstandsfähig machen. Die positive Gesinnung ist der Wirkstoff, der auch Ihre negative emotionale Widerstandskraft zum Beispiel bei unvermeidlichen Schicksalsschlägen korrigiert. Die positive Gesinnung ist das Grundelement der Resilienz (Widerstandskraft). Resilienz ist kein Faktor, der nur angeboren ist, Resilienz kann von jedem Menschen erworben werden.

Es ist entscheidend, dass Jugendliche in einer Phase, in der ihre Gehirne besonders plastisch sind, Resilienz lernen. Dann können sie besser mit negativen Erfahrungen umgehen, zum Beispiel in der Schule, oder es besser verkraften, wenn sich eine Beziehung nicht so entwickelt, wie sie es gern möchten. Resilienz ist nicht etwas, was man hat oder nicht. Resilienz ist ganz offensichtlich form- und erlernbar. Dies sollten wir durch die Förderung guter Gefühle und guter Gefühlserlebnisse bei unseren Jugendlichen ermöglichen. Es kommt auf das Verhältnis von guten und negativen Emotionen an, ob nun ein Aufblühen möglich ist, wie wir uns das natürlich von Jugendlichen in der Pubertät erhoffen.

In gemeinsamer Arbeit mit dem chilenischen Mathematiker und Psychologen Marcial Francisco Losada hat Fredrickson ein so genanntes kritisches Verhältnis ausgerechnet, ab dem das Erleben positiver Emotionen wirklich förderlich ist. Dies liegt bei 2,9. Allgemein gesagt bei einem Verhältnis von 3 : 1 zwischen positivem und negativem Emotionserleben.

Dies bedeutet vielerlei. Wenn wir uns um ein Aufblühen und um positive Gefühle bemühen, soll es dabei gar nicht darum gehen, negative Gefühlserlebnisse krampfhaft zu vermeiden. Sie gehören zu unserem Alltag dazu. Wie sollten wir auch wissen, was positiv ist, wenn wir nicht mehr davon wissen, was negativ ist. Ihre wissenschaftliche Forschung bestärkt Barbara Fredrickson in der Annahme, dass es sich hier um einen Quotienten von 3 zu 1 handelt. Dieser wird in letzter Zeit stark diskutiert. Außer Frage steht bei allen Diskussionspunkten allerdings, dass es ab einem gewissen Verhältnis von etwa 3:1 deutlich wahrscheinlicher ist, dass Menschen ein erfülltes, aufblühendes und positives Leben führen können. Ein Zuviel an Positivem ist auch nicht gut. Ab etwa einem Verhältnis von 10:1 sprechen wir nur mehr von einer Genusssucht«, führt Gloria weiter aus.

»Das heißt also«, fragt Maria, »ihnen eine super Sensation nach der anderen zu ermöglichen, kann auch nicht der richtige Weg sein?«

»Genau, es kommt auf das richtige Verhältnis an«, fährt Gloria fort. »Dieses richtige Verhältnis macht es aus, dass unsere Jugendlichen ihre Jugendzeit positiv absolvieren können. Hier können sie es trainieren und so sich später zu ausgewogenen Persönlichkeiten mit integrierten Gehirnen – wie Daniel Siegel zu sagen pflegt – entwickeln. Das Verhältnis von positiven zu negativen Emotionen scheint hier eine entscheidende Rolle zu spielen.«

»*Sechstens*: unser positiver Quotient – und darauf kommt es bei den positiven Gefühlen an – lässt sich steigern.«

»Hoffentlich lässt sich der Quotient steigern«, wirft Maria ein. »Meiner Tochter kann man gar nichts mehr recht machen. Sie ist nicht schön genug, sie ist nicht dünn genug, die Kleidung passt nicht, die Noten, der Freund usw. passen nicht. Die hat glaub ich ein Verhältnis von 1:5 zugunsten des Negativen.«

»Wahrscheinlich wird es auch darauf ankommen, dass sie

das Positive entdecken und sehen kann, möglicherweise auch bei sich zuerst«, antwortet Gloria vorerst. »Die positive Nachricht ist auf jeden Fall, dass sich das Verhältnis zwischen positiven und negativen Gefühlserlebnissen zu Gunsten der positiven Gefühlserlebnisse steigern lässt.«

»Also nichts wie ran an das Vermitteln positiver Gefühle, oder? Das pubertierende Gehirn und unsere Jungs und Mädchen laden ja gerade dazu ein«, sagt Alfred.

»Sie sind überschwänglich begeistert, zu Tode betrübt, sie sind aufbrausend und manchmal merkwürdig in sich selbst zurückgezogen – und das alles, wenn man euch glauben kann, ist form- und entwickelbar. Aber was, wenn ich selbst an nichts mehr glaube und nur noch negativ bin aufgrund meiner Erfahrung?«, merkt Michaela kritisch an.

Wolfgang gibt zur Antwort: »Daran sollten wir ja arbeiten. Zunächst sollten wir Erwachsenen selber positiver durchs Leben kommen. Denn wie schon Albert Bandura gesagt hat, wir sind das Vorbild, das Modell unserer Jugendlichen. Sie achten genau auf das, was wir tun und was wir vorleben.«

»Unsere Empfehlungen zielen daher zuallererst auch einmal darauf ab, ihnen als Eltern Möglichkeiten zu geben, wie sie die Macht ihrer eigenen positiven Gefühle zur Erlangung einer positiven Grundeinstellung und zur Verbesserungen ihres positiven Quotienten nutzen können.

Dann wollen wir Ihnen Übungen vorstellen, die allesamt in der Positiven Psychologie erprobt wurden und die Sie anwenden können, um Ihre Teenager dabei zu unterstützen, ihren positiven Quotienten zu steigern, und drittens wollen wir ein paar Tipps für Teenager selbst geben, die sie einfach ausprobieren können«, schließt Gloria die Elternrunde für heute ab.

TIPPS FÜR ELTERN UND JUGENDLICHE

Übungen für Eltern, die tatsächlich wirken:

1. Seien sie offen im Alltag. Befreien Sie sich von negativen Gedanken und Grübeleien, indem Sie auf das achten, was der Alltag an Reichhaltigkeit zu bieten hat. Etwa die Blumen in Ihrem Garten, die Schönheit des Morgens, das Lächeln eines Bekannten, ein Bild in Ihrer Wohnung. Bemerken Sie die kleinen Dinge, die gelingen oder die Ihnen widerfahren. Etwa, dass sie jemand freundlich grüßt. Nehmen Sie auch die Dinge wahr, die problematisch sind, lassen Sie sie an ihrem inneren Auge vorbei ziehen. Sagen Sie ›Es ist, wie es ist.‹
Notieren Sie täglich drei positive Dinge, die am Tag passiert sind, in einem kleinen Glückstagebuch und versuchen Sie zu begründen, warum dies so war und beobachten Sie dabei, was mit Ihren Gefühlen passiert.

2. Schauen Sie nach innen. Üben Sie Aufmerksamkeit durch kleine Meditationseinheiten. Sie können damit beginnen, dass Sie sich aufrecht hinsetzen und Ihren Atem täglich zehn Minuten lang beobachten – wo oder wie Sie ihn spüren. Sie werden bemerken, dass dann in Ihnen Dinge auftauchen, die mit den Problemen des Alltags zu tun haben, zum Beispiel mit der nicht fertig gemachten Hausaufgabe Ihres Sohnes, oder mit den Problemen am Elternabend. Lassen Sie diese Dinge gewähren, lassen Sie diese an sich vorbei ziehen. Wenn Sie möchten, können Sie auch die Metta-Meditation (Loving-Kindness-Meditation) probieren. Eine Anleitung dazu finden Sie auf der Webseite: www.seligmaneurope.com.

3. Üben Sie sich in Dankbarkeit. Bedanken Sie sich regelmäßig bei Menschen in Ihrer Umgebung und auch bei

Ihnen selbst für Ihre Handlungen. Führen Sie kleine Dankbarkeitsrituale ein. Lassen Sie keine Gelegenheit aus, dies zu probieren. Gewöhnen Sie sich an, wenn Sie irgendeine Situation verlassen, zum Beispiel ein schönes Wochenende am See, sich dafür zu bedanken.

Bedanken Sie sich dafür, dass Sie hier sein konnten. Bedanken Sie sich bei Ihrem Partner für eine Kleinigkeit. Nutzen Sie Anlässe, um durch kleine Gesten und Aufmerksamkeiten, auch durch das Geben von Zeit, Ihre Dankbarkeit zu zeigen. Genießen Sie das Leben, gönnen Sie sich die Zeit dafür, Situationen wie ein gutes Essen, eine berührende Begegnung, ein anerkennendes Wort wie einen kleinen Erfolg auszukosten und wirklich zu genießen. Betrachten Sie Bilder von früher von guten Situationen.

4. Eine Übung von Barbara Fredrickson. Bauen Sie sich sogenannte positive Portfolios, wo Sie zu jedem der positiven Gefühle Symbole entwickeln – etwa für Hoffnung. Welche Fotos gibt es dafür, welche kleinen Anekdoten können Sie sich dafür merken. Welche kleinen Gegenstände gibt es dafür. Machen Sie sich für alle diese Gefühle, vor allem aber auch für das Gefühl der Liebe einen sogenannten kleinen inneren Fotoband. Machen Sie ihn so, dass Sie ihn mit sich mitführen können. Eine ausführliche Anleitung zum Gestalten von positiven Portfolios findet sich in Barbara Fredricksons Buch »Die Macht der guten Gefühle.«

5. Lernen Sie zu vergeben. Nutzen Sie die sogenannte ›REACH-Technik‹ für ganz schwierige Fälle. Diese Technik beinhaltet:

  • Rufen Sie ein kränkendes, negatives, emotionales Erlebnis, das Sie möglicherweise mit Ihrem Teenager gehabt haben, wieder zurück in die Erinnerung.

  • Fühlen Sie sich in die Situation des Teenagers ein. Nehmen Sie seine Perspektive ein.

- Sprechen Sie das altruistische Geschenk der »Vergebung« für sich selber aus.
- Legen Sie sich darauf fest, dass Sie bei diesem Vergeben bleiben können.
- Sagen Sie sich, dass Sie auch daran in Zukunft festhalten werden. Besprechen Sie dies mit Ihrem Partner oder anderen nahestehenden Personen.

6. Nützen Sie Humor für sich auch im Umgang mit Ihrem Teenager. Nehmen Sie sich nicht alle Dinge immer zu Herzen. Nehmen Sie innerlich schmunzelnd Abstand und bewundern Sie die Spitzfindigkeit bei der eben stattgefundenen Regelübertretung. Necken Sie ihn etwas und nehmen Sie ihn liebevoll auf die Schippe. Das bringt neue Perspektiven, und Lachen öffnet Sie beide für ein positives Gefühl.

7. Genießen Sie die kleinen Freuden des Alltags, zum Beispiel einen kleinen Spaziergang in der Natur, einen Sonnenaufgang, eine längere Dusche usw. Genießen Sie auch ihren Teenager. Es ist ganz fantastisch, wie ich auch bei meinem eigenen Sohn bemerkt habe, welch großes Interesse er hat, etwas genau zu untersuchen, etwas genau zu verstehen, sei es technisches Spielzeug, aber auch etwas im Garten.

8. Führen Sie Rituale der Begegnung im Alltag ein. Achten Sie darauf, dass es feste Rituale wie zum Beispiel gemeinsame Mahlzeiten gibt. Alle sollten anwesend sein, zumindest einmal pro Tag. Nutzen Sie solche Gelegenheiten aber nicht dafür, Probleme zu besprechen. Übrigens: Rituale mit Maß und Ziel tun ganz allgemein gut.

So können Sie Ihrem Teenager helfen, positive Gefühle zu erleben:

Beachten Sie bei den folgenden Übungen und Anregungen, dass dies eben Anregungen sind und nicht das, was Sie Ihrem Teenager gegenüber unbedingt durchsetzen müssen.

1. Das Wichtigste ist, dass Sie alles tun, um eine positive Verbindung zu Ihren pubertierenden Jugendlichen aufrecht zu erhalten. Die Dinge des Lebens und die Ereignisse des Alltags können noch so schlimm sein, setzen Sie dafür nie die grundsätzlich positive Beziehung zu Ihrem Kind aufs Spiel.

2. Zeigen Sie ihm immer durch kleine Gesten, dass Sie für Ihr Kind da sind. Durch ein einfaches Wort, verbinden Sie sich mit ihm, indem Sie sich Zeit lassen und mit ihm in eine Art Resonanz treten.

3. Seien Sie geduldig, wenn Ihr Kind unwirsch ist und wild vor sich hin tobt. Signalisieren Sie durch Ihre Gestik und Körperhaltung, dass Sie für es da sein werden, dass es gemocht wird und dass es hier seinen fixen Platz hat. Nehmen Sie es in den Arm. Auch schwer pubertierende Jugendliche möchten in den Arm genommen werden, viel öfter, als Sie es möglicherweise annehmen.
Dann ist es auch viel leichter, über Dinge zu sprechen. Wenn es gar nicht geht und Sie schon ganz ratlos sind, machen Sie ihrem Teenager täglich zumindest ein kleines Kompliment. Machen Sie sich die Mühe, ein kleines Lob auszusprechen. Ihr Inneres wird Ihnen sagen, ob es ein falsches Lob ist oder nicht.

4. Geben Sie ihrem Teenager die tägliche Dosis Liebe weiter. Richard Lerner nennt es »The daily hug of love«. Das kostet nicht viel Zeit, aber Sie müssen es sich einplanen, Ihr

Alltag ist oft hektisch. Nehmen Sie sich am Abend fünf Minuten Zeit, in denen Sie wohlwollend mit Ihrem Teenager reden oder möglicherweise etwas gemeinsam betrachten. Nutzen Sie Situationen, wo Sie beide im Garten sitzen, oder auch beim Fernsehen. Sprechen Sie nicht gleich über Probleme. Bitten Sie viel mehr zu erzählen. Ihr Teenager beginnt dann meistens von selbst, über seine Probleme zu erzählen. Hüten Sie sich dann davor, gute Ratschläge zu geben. Lassen Sie es sich immer wieder und wieder erzählen. Das macht Mut und ein gutes Gefühl.

5. Signalisieren Sie Akzeptanz und zeigen Sie, dass Sie Ihren Teenager in seiner Einzigartigkeit mögen. Tun Sie dies zu allererst. Zeigen Sie, dass Sie sich für ihn interessieren. Anstatt über ein »massively multiplayer online role-playing game (MMO)« in einer Tour zu schimpfen, ist es vielleicht günstiger, sich einmal alle Rollen erklären zu lassen und interessierte Fragen zu stellen. Dies heißt natürlich nicht, dass Sie nicht bei Verhaltensweisen, bei denen die rote Linie (siehe letztes Kapitel) überschritten wird, klare Signale bei Nicht-Akzeptanz setzen werden. Die Akzeptanz, um die es hier geht, ist die zwischenmenschliche.

6. Demonstrieren Sie ihrem Teenager Mitgefühl. Interessieren Sie sich für seine Erfolge, aber auch für seine Tiefschläge. Erzählen Sie ihm, wie es Ihnen ergangen ist. Finden Sie einen Punkt, ein Interessensgebiet bei Ihrem Teenager, den Sie regelmäßig mit ihm gemeinsam wahrnehmen können, und nehmen Sie sich die Zeit dafür (z.B.: einmal in der Woche Tennis spielen, Fischen gehen, ein Fußballspiel live im Stadion anschauen, einmal einen Einkaufsbummel machen).

7. Sorgen Sie, wenn Ihr Teenager verzweifelt ist, für gesunde Ablenkungsmöglichkeiten. Das vermehrte Vertie-

fen beispielsweise in den Computer, das Handy oder Facebook zeugt immer wieder davon, dass Ihr Teenager sich von seinen Sorgen ablenken möchte.

- Seien Sie dabei nicht aufdringlich. Machen Sie Angebote. Rechnen Sie damit, dass Ihr Teenager diese Angebote ablehnt.

- Aber machen Sie kontinuierliche Angebote, die Ihnen – und das ist wichtig – Spaß machen und später möglicherweise auch Ihrem Teenager.

- Begleiten Sie ihn auf den Fußballplatz, ermöglichen Sie ein spezielles Training, gehen Sie mit ihm Bummeln oder machen Sie gemeinsam einen Spaziergang, nehmen Sie Ihren Teenager irgendwohin mit.

- Verhandeln Sie nicht unnötig bei Ihren Angeboten, drängen Sie sich nicht auf, aber bitten Sie auch nicht um Einverständnis, sondern schlagen Sie etwas vor und drängen Sie auf die Handlungsebene.

8. Vermitteln Sie Ihrem Teenager, wie man über negative Gefühle und Zustände reden kann. Verbinden Sie sich mit ihm und nutzen Sie die in der Positiven Psychologie erprobte ABCDE-Technik:

- Besprechen Sie mit ihm, wenn Sie sich gut mit ihm verbunden haben, die Auslöser, die zu einer problematischen Stimmung führen: z.B. »Was hat dich denn so aufgeregt?«

- Bitten Sie ihn, dass er seine unmittelbaren Gefühlsregungen beschreibt: »Welche Gefühle hat das ausgelöst?«

- Welche möglichen Schlüsse und Handlungsalternativen könnten daraus entstehen: »Und das heißt für dich nun was?«

- Diskutieren Sie dann mit ihm das Pro und Contra. Bitten Sie ihn lebhaft, gegen seine eigenen Schlüsse zu ar-

gumentieren: »Finde einmal Gegenargumente! Was
könnte es noch bedeuten?«

- Suchen Sie mit ihm dann Wege, wie er die freigewordene Energie nutzen kann: »Und was machen wir
nun?«

Anregungen für Teenager:

1. Gehe deinen Leidenschaften nach! Suche dir mehrere
Dinge, die dich interessieren. Betreibe sie ausgiebig, sei es
Fußball zu trainieren, sei es dabei in der Gemeinschaft
der Mannschaft zu sein, sei es Tennis zu spielen oder dein
Musikinstrument zu üben oder am Computer was zu
machen.
2. Suche Umgebungen auf, die dir gut tun. Sei wachsam bei
Umgebungen, die nur scheinbar positiv sind und dich
dann hinunter ziehen. Du spürst es selbst!
3. Gestalte dir dein Zimmer so, dass du Freude daran hast.
4. Mache dir Portfolios, eine Art inneres Fotobuch, zum
Beispiel zu deiner Hoffnung, deinem Stolz oder zu deiner
Dankbarkeit.
5. Versuche vielseitig zu sein, zum Beispiel bei der Auswahl
deiner Musik. Probiere eine Vielfalt von Kleidungsstücken, darunter auch helle.
6. Nimm dir die Zeit, achtsam zu sein mit dir selber. Halte
am Abend einen Moment inne, mach dies aber ganz auf
deine Art und Weise.
7. Erlaube dir selbst, dich attraktiv, positiv, anziehend und
schön zu finden. Überrasche dich selbst.

»Es lohnt sich also?«, meint Claudia.

»Ja«, sagt Wolfgang. »Probieren Sie diese Übungen immer wieder, nicht alle gleichzeitig, so wie sie Ihnen in den Sinn kommen und beobachten Sie, wie diese Übungen Sie langsam verändern und wie hier vor allem die positive Beziehung und das positive Gefühl, die positive Resonanz gegenüber Ihrem Teenager besser wird. Genießen Sie das. Lassen Sie andere daran teilhaben.

Positive Gefühle entwickeln und positive Erlebnisse möglich machen, sind das Grundfundament für eine emotional gesunde Jugendentwicklung.

Daraus erwächst die Zuversicht und der Selbstwert, den Jugendliche unbedingt brauchen, aber auch viel ihrer Widerstandskraft für ihre unvermeidlichen emotionalen und gefühlsmäßigen Klippen, die im Laufe des Lebens auf sie warten.«

5. Kapitel

Jugendliches Aufblühen durch Engagement
Stärken entdecken und fördern – Flow erleben

Wie wir im letzten Kapitel gesehen haben, scheint die Fertigkeit, positive Gefühle erleben zu können, und dies im richtigen Verhältnis (3:1) zu negativen Gefühlen, eine entscheidende Grundvoraussetzung für jugendliches Aufblühen zu sein. Eine positive Grundstimmung ist die Grundvoraussetzung für ein erfolgreiches und gutes Leben und die Fähigkeit, Schwierigkeiten zu meistern. Im Folgenden wollen wir uns nun der zweiten Säule für jugendliches Aufblühen widmen: Der Fertigkeit, sich zu engagieren, sich zu begeistern und seine Stärken zu nützen. Dies scheint ja gerade für Jugendliche maßgeschneidert.

»Seid er skatet, ist er ganz anders«, berichtet Renate, die Büroangestellte. »In dem geht er völlig auf, lässt alles liegen und stehen, leider auch häusliche Pflichten. Für ihn gibt's nur das eine – Skaten. Zeit spielt keine Rolle mehr, sehr zu meinem Leidwesen. Aber trotz der Anstrengung ist er am Abend irgendwie zufrieden und ausgeglichen.«

»Die Geige ist ihr Leben, aber leider nicht die Hausaufgaben. Wenn sie mit ihrer Musiklehrerin musiziert, vergeht die Zeit wie im Flug«, berichtet Hannelore, eine 36-jährige Lehrerin, über ihre Tochter. »Für mich ist sie nicht ansprechbar in dieser Zeit. Es ist, als wäre ich Luft. Einfach nicht da.«

»Klarer Fall von Flow«, schmunzeln Verena und Manfred. Das sind die beiden Psychologen, die heute die Elternrunde und das Gespräch über Engagement leiten. Die beiden wissen, um was es da geht.

Manfred, 1,95 m groß und Basketballer, kennt das, wie die Zeit im Flug vergeht, wenn er seinen Sport ausübt. Wenn Verena eines ihrer »Weird Girls«, die sie so sehr mag, zur Therapie hat, dann ist eine Stunde Gespräch nicht genug. Da kann sie sich richtig einlassen.

»Flow, was heißt denn das schon wieder«, knurrt Fred. »Kann mir jemand erklären, was das ist? Welche neumoderne Eigenschaft hat mein Kind schon wieder, und ich habe sie übersehen?«

»Der Begriff Flow stammt vom Psychologen Mihály Csíkszentmihályi«, antwortet Verena. »Das ist das Gefühl, das in dir, in uns entsteht, wenn du völlig in einer Tätigkeit aufgehst. Es ist ein Zustand gerichteter Aufmerksamkeit, des völligen Einlassens auf eine Sache. Unser Denken, Fühlen und Wollen ist so im Einklang mit der Sache, dass wir über das, was wir tun, gar nicht mehr nachdenken. Es geht mühelos vonstatten, und Zeit spielt keine Rolle mehr.«

»Ja, das hat wohl mein Mann auch«, bekräftigt Marianne. »Wenn der beim Reparieren seiner Oldtimer ist, dann ist er für mich unzugänglich. Dann hört und sieht er nichts und ist ganz auf sein jeweiliges Modell konzentriert. Das ist manchmal ganz schön lästig, sag ich dir, weil alles andere untergeht.«

»Aber grundsätzlich gesund«, antwortet Manfred. »Die amerikanische Psychologin und Glücksforscherin Sonja Lyubomirsky hat nachgewiesen, dass die Fähigkeit, in Flow zu kommen, das Gefühl des Flows zu erleben, dich glücklicher und zufriedener leben lässt. Flow fördert also Wohlbefinden. Sie haben das sicher auch schon einmal erlebt, dass sie völlig in einer Tätigkeit aufgegangen sind.«

»Ja, natürlich«, pflichtet Marianne bei. »Ich kenne es von Gesprächen mit meiner besten Freundin, vom Tennis spielen, aber auch dann, wenn ich bei meinen Blumen bin.«

»Ja, Flow kannst du mit vielen Tätigkeiten erzeugen«, freut sich Verena. »Das wichtige ist, dass du dich einlässt, dass du deine Aufmerksamkeit fokussierst und so deine Tätigkeit leitest und führst. Du musst wissen, wo du hin willst.«

»Damit wir bei einer Tätigkeit in Flow kommen«, fährt Manfred fort, »ist es nach Csíkszentmihályi auch wichtig, dass wir das Gefühl haben, dieser Tätigkeit gewachsen zu sein und sie uns trotzdem herausfordert. Flow entsteht, wenn wir genau im Schnittpunkt unserer Möglichkeiten und Herausforderung sind. Ansonsten entstehen Langeweile oder Unsicherheit.«

»Solcherlei Engagement tut gut. Das sagt auch die Neurowissenschaft«, ergänzt Verena, und ihre Augen leuchten. »Was geht da vor im Gehirn?«, will Annette wissen.

»Wir versuchen es anhand eines Marathonlaufs zu erklären«, steigt Manfred ein. »Ein solcher Marathonlauf ist für viele, wenn sie ihn absolviert haben, ein unbeschreibliches Erlebnis des Glücks und der Zufriedenheit. Zugleich, das wissen alle, ist Marathonlaufen enorm anstrengend und ermüdend.«

»Ja, gut und?«, raunzt Hermann.

»Warte«, beschwichtigt Manfred, »gleich kommt's, aber schön der Reihe nach.«

Verena setzt an: »Um in Flow zu kommen, sagt Martin Seligman, müssen wir unsere besten Talente zusammennehmen, unsere Stärken einsetzen und entwickeln. Wir müssen uns anstrengen. Es gibt keinen automatischen Weg zum Flow. Beim Marathonlaufen müssen wir uns ganz auf die Sache konzentrieren. Und dann ergibt sich folgender Zustand: Wir wissen, dass wir es schaffen können, wir haben gut trainiert, aber die Herausforderung ist doch enorm. Und das spornt uns an, das verleiht uns den nötigen Kick.

Beim Start schwelgen wir in der Vorfreude, unser Ziel zu erreichen, nämlich den Lauf zu absolvieren. Das aktiviert unser Belohnungssystem. Dopamin wird in großen Mengen ausgeschüttet, was uns unglaublich aktiv macht. Unser Stresssystem produziert Kortisol und Adrenalin, um Anstrengung zu bewältigen. Wir müssen zwischendurch ja alle Kräfte mobilisieren. Wir haben keine Zeit für Blicke nach links oder rechts. Wir sind wir beim Laufen. Je näher wir dem Ziel kommen, so Untersuchungen, desto mehr geraten wir in diese völlige Versunkenheit. Wir laufen wie in Trance bis zum Ziel. Um des Laufens Willen laufen wir. Das ist Marathon-Flow.«

Manfred lacht: »Unser Körper ist dabei hilfreich und gut zu uns. Er produziert körpereigenes Haschisch (Endocannabinoide) und Endorphine, um den Schmerz zu lindern. Wenn wir durch das Ziel laufen, werden Morphine, also körpereigenes Opium produziert, die uns völlig entspannen lassen. Wir baden dann sozusagen im Glück.«

»Während des Laufens, das sagen auch viele Läufer, denken sie nichts und haben auch nichts gespürt. Sie haben keine Gefühle«, sucht Verena abzuschließen.

»Was heißt das nun?«, fragt Frank, Stahlbauschlosser etwas verunsichert.

Manfred: »Flow-Erlebnisse regulieren, so der deutsche Arzt Tobias Esch, das für unser menschliches Funktionieren und für das Erbringen von Leistungen notwendige Zusammenspiel von Stresssystem und Belohnungssystem.«

»Können Sie dieses Neurodingsbumms nochmal präzisieren?«, bittet Hermann, der Postbeamte.

Verena: »Also, der Anreiz, der entsteht, wenn man sich auf eine Tätigkeit, also etwa den Lauf einlässt, und wenn man gleichzeitig den Erfolg vor Augen hat, lässt Dopamin produzieren. Die Stresshormone, das Kortisol und das Adrenalin sind dazu da, die Tätigkeit aufrechtzuerhalten. Wir agieren wie in Trance, eben im Flow, bis zum Schluss der Tätigkeit, etwa dem Marathonlauf. Dann schalten sich körpereigene Hormone, die endogenen Opiate (Morphine) dazu, die das Gefühl von Glückseligkeit und Zufriedenheit erzeugen. Und dann entsteht im Hirn ein Stoff, der nach Tobias Esch das ganze System wieder aufräumt.«

Alexandra stöhnt ein bisschen: »Na, ganz schön kompliziert. Aber einfacher gesagt heißt das, dass Flow-Erlebnisse helfen, dass dein ganzes psychisches System positiv in Balance bleibt und du dich wohlfühlst.«

»Ja, genau«, bestätigt Verena.

»Na dann ist es wohl auch in Ordnung, wenn so einer wie mein Sohn die ganze Nacht Computer spielt und am Morgen nicht hochkommt. Der ist nicht wegzubringen vom Computer, und nach all dem, was ich hier von euch gehört habe, muss der im Flow sein, im Computer-Flow oder? Und das soll gut für seine Entwicklung sein?«, fragt Marianne doch ziemlich skeptisch.

»Na klar, ist das auch Flow«, bemüht sich Manfred. »Und ich bin mir sicher, dass dein Maximilian ganz schön hart arbeiten wird. Er wird die besten seiner Stärken und Fähigkeiten einsetzen, um bei diesen Spielen zu gewinnen. Da sind Ausdauer, Konzentration, Kreativität und virtuelles Geschick gefragt.«

»Aber«, so Manfred weiter, »es gibt eine kritische Grenze. Zuviel an Flow ist manchmal auch nicht gut. Zuviel an Flow kann direkt in die Sucht führen, so heißt das, wenn man immer und immer wieder nur das Gleiche eine will. Sucht unterscheidet sich vom gesunden Flow-Erleben dadurch, dass sich die Möglichkeiten einer Person auf diese eine immer wieder durchzuführende Tätigkeit einengt. Gesundes Flow erleben erweitert die Persönlichkeit.«

»Das heißt für uns Eltern in Bezug auf die Computerspielerei was?«, fragt nun Alexandra.

»Wir müssen wachsam sein und möglicherweise eingreifen«, ist Verena wieder dabei.

»Also den Stecker ziehen! Na das gibt einen schönen Wirbel. Der tobt dann ohne Ende. Dann ist nichts mehr mit positiver Entwicklung«, sagt Marianne mit einer resignierenden Geste.

»Wir haben auch noch andere Möglichkeiten«, beruhigt

Verena. »Wir müssen in unserer Sorge das Computerspiel ja nicht gleich dämonisieren. In so manchen Fantasy-Spielen liegt viel Wissenswertes. Wir können uns dafür auch interessieren und so positiv auf unsere Teenager zugehen, uns erst emotional verbinden, statt herumzunörgeln und zu jammern. Dann bitten wir sie zu erzählen, was es mit dem Computer, Facebook und so weiter auf sich hat.«

»Ja, da kommen ganz andere Gespräche raus, und die Einsicht, dass was zu viel und schädlich ist, wie etwa dauerndes Ego-Shooter-Spielen, kommt meist von selbst«, stimmt Frank zu.

»Und wir konnten das Engagement, die Begeisterung, den Flow mit dem sie sich in die nordische Götter- und Heldenwelt bei diesem ›Odin Spiel‹ vertieft hat, super für die Schule nutzen«, bringt sich Fred ein.

Manfred ergänzt: »Begeistern heißt nämlich, dass wir ihre Passionen und Leidenschaften erkennen und diese als wertvolle Bestandteile ihrer Entwicklung anerkennen. So kommen wir ins Gespräch. Jugendliche lieben es, wenn man sich für sie interessiert, auch wenn sie oft das Gegenteil signalisieren. Dabei kommen oft ganz überraschende und gute Dinge heraus.«

»Meine Elvira begeistert sich für gar nichts mehr. Sie hängt nur träge in ihrem Zimmer herum, sie will nicht einmal mehr rausgehen. Sie sei zu hässlich, sagt sie, dabei ist sie ein hübsches Mädchen. Sie wird aber immer dicker, weil sie immer so viel Junk Food beim Fernsehen in ihrem Zimmer isst. Chips, Schokolade und so weiter. Manchmal schafft sie es gerade zu McDonalds, aber auch das wird immer seltener. Früher wollte sie voller Begeisterung Tanzen lernen, aber das habe ich ihr verboten, weil die Schule ja vorgeht. Sonst verliert sie sich ja ganz in diesem Tanzen, und wer weiß, was da alles passiert.«

»Na super«, schauen alle in die Richtung von Annette.

»Ihr braucht mich gar nicht so anschauen, sagt mir lieber wie ich meine Elvira motivieren kann, die rein gar nichts mehr will. Dass ich da früher einen Fehler gemacht habe, das weiß ich eh schon längst. Aber jetzt will sie gar nichts mehr. Ich komme auch nicht mehr an sie ran«, klagt Annette, die gelernte Handelskauffrau.

»Der Weg, den die Positive Psychologie und der amerikanische Psychologe Richard Lerner da vorschlagen, ist der Weg des Entdeckens von Stärken Ihres Kindes und der Dinge, die Ihrem Kind Spaß machen. Wir haben es ja gerade angeschnitten«, hilft Manfred behutsam weiter.

»Sie können ganz sicher sein, in Ihrem Kind schlummern eine Menge von Stärken. Es gibt eine Menge von oft versteckten Dingen, die Ihr Kind begeistern. Und daran gilt es anzusetzen, anstatt zu versuchen, vermeintliche Schwächen, die Sie orten, auszumerzen. Das ist wie gegen einen Berg anrennen, anstatt mit dem Fluss der Ereignisse mitzugehen.« Verena ergänzt: »Annette, nehmen Sie doch die Vorliebe ihrer Tochter fürs Essen. Da gibt es Hingabe, Leidenschaft, Enthusiasmus, und das ist nutzbar«, ergänzt Verena.

»Wie?«, fragt Annette.

»Sie können die Stärken und die emotionale Energie nutzen, die dahinter steckt, wie zum Beispiel ihre Beharrlichkeit, Ausdauer, ihren Widerstandsgeist oder ihre Freude am Genuss. Und daraus können Sie etwas machen«, schlägt Verena vor und fügt hinzu. »Gerade in schlimmen Ereignissen, in großen Problemen liegt eine große Kraft für eine gute Zukunft. ›Posttraumatisches Wachstum‹ nennt man das in der Psychologensprache, oder die Energie, sich wieder hoch zu rappeln.«

»Welche Stärken bei Teenagern gibt es denn noch nach Ansicht der Positiven Psychologie«, fragt Sarah. »Zunächst einmal gibt es Talente und Stärken«, beginnt Manfred. »Talente junger Menschen, aber auch von Erwachsenen, die uns das Leben mitgibt. Man kann auch sagen, Talente sind uns bis zu einem gewissen Grad in die Wiege gelegt. Und sie zeigen sich relativ automatisch. Zum Beispiel das Talent, gut zwischen

Tonhöhen zu unterscheiden, ein großes Lungenvolumen oder das Talent, sich besonders gut koordinieren zu können«, so Manfred.

»Und Stärken? Wie schaut's da aus?«, fragt Frank.

»Charakterstärken, wie Martin Seligman sagt, sind erwerbbar. Wenn sich Jugendliche Stärken wie Lernfreude, Bescheidenheit, Optimismus, Klugheit, Freundlichkeit, Kreativität, Originalität aufbauen, besitzen sie die Sache selbst«, ergänzt Verena.

»Was heißt denn das wieder«, fragt Sarah?

»Fangen wir einmal damit an«, beginnt Manfred zu erklären. Die »Positiven Psychologen« haben herausgefunden, dass überall auf der Welt und in unterschiedlichsten Kulturkreisen Menschen sechs Tugenden nennen:

1. Weisheit und Wissen
2. Mut
3. Humanität
4. Gerechtigkeit
5. Mäßigung
6. Spiritualität, Transzendenz«

»Also füreinander da sein, respektvoll miteinander umgehen, an übergeordnete Werte zum Wohle des gemeinsamen Ganzen zu glauben«, präzisiert Annette.

»Ja, so kann man das durchaus sagen«, antwortet Manfred.

»Und wie ist es jetzt nun mit den Stärken, was heißt das«, fragt Richard ungeduldig.

Verena: »Es gibt verschiedene Wege, diese Tugenden zu erreichen. Diese Wege nennt Seligman Charakterstärken. Über Stärken des Charakters erreichte Tugenden sind für ihn auch der Schlüssel zu einem erfolgreichen glücklichen Leben bzw. Wohlbefinden.«

»Und wie kommt man zu diesen Stärken des Charakters«, bohrt Hermann nach.

»Stärken des Charakters lernt man in seiner Sozialisation im besonderen Maße natürlich auch in der Pubertät«, antwortet Manfred.

Verena hakt da ein: »Viel wichtiger für unser Thema heute ist eine der bedeutendsten Erkenntnisse der Positiven Psychologie. Um sich engagieren zu können, Flow zu entwickeln und um zu Wohlbefinden zu kommen, ist es entscheidend, die vorhandenen Charakterstärken zu entdecken, einzusetzen und zu nutzen.«

»Was ist denn so besonderes an ihnen?«, murrt Hermann.

Verena ist in ihrem Element: »Martin Seligman charakterisiert Charakterstärken folgendermaßen:

1. Eine Charakterstärke ist ausgezeichnet durch Ichbewusstsein und Authentizität: das bin ich, das macht mich aus.
2. Ein Gefühl der Begeisterung entsteht, wenn man die Charakterstärke etwa Kreativität oder soziale Intelligenz zum Ausdruck bringt.
3. Schnelles Lernen bei der Einübung der Stärke.
4. Sie äußert sich im Verlangen, die Stärke immer wieder auf neue Weise zu gebrauchen. Es entsteht ein Gefühl der Zwangsläufigkeit bei der Ausübung der Stärken. Nichts kann mich aufhalten.
5. Die Empfindung einer Belebung eher als einer Ermüdung bei der Anwendung
6. Das Entstehen Positiver Projekte, die vor allem um die Stärke kreisen. Freude, Schwung, ja Ekstase entstehen bei der Anwendung.«

»Also Flow«, meint Susanne. »Welche Stärken gibt es denn?«

»Martin Seligman und Chris Peterson, die dieses Tugendmodell entwickelt haben, unterscheiden insgesamt 24 Stärken, die sechs Tugenden zugeordnet sind.«

Menschliche Tugenden und Stärken (Peterson & Seligman, 2004)

	TUGENDEN	STÄRKEN
1.	**Weisheit und Wissen:** *Kognitive Stärken*, die den Erwerb und den Gebrauch von Wissen beinhalten	1. Kreativität 2. Neugierde 3. Urteilsvermögen 4. Freude am Lernen 5. Weisheit
2.	**Mut:** Emotionale Stärken, die mit Willenskraft innere und äußere Hindernisse beim Erreichen von Zielen überwinden	6. Tapferkeit 7. Ausdauer 8. Authentizität 9. Enthusiasmus
3.	**Menschlichkeit:** Interpersonale Stärken, die liebevolle menschliche Begegnungen ermöglichen	10. Bindungsvermögen 11. Freundlichkeit 12. Soziale Intelligenz
4.	**Gerechtigkeit:** Stärken, die das Gemeinwesen fördern	13. Teamwork 14. Fairness 15. Führungsvermögen
5.	**Mäßigung:** Stärken, die Exzessen entgegenwirken	16. Vergebungsbereitschaft 17. Bescheidenheit 18. Vorsicht 19. Selbstregulation
6.	**Transzendenz:** Stärken, die Sinn stiften, einer höheren Macht näher bringen	20. Sinn für das Schöne 21. Dankbarkeit 22. Hoffnung 23. Humor 24. Religiosität/Spiritualität

»Und was tun wir jetzt mit diesen Talenten, Leidenschaften und Stärken?«, fragen Frank, Annette und Sarah wie aus einem Mund. »Wie können wir nun diese Leidenschaften, Talente und Stärken in unseren Kindern entdecken und wecken, damit sie in »Flow« kommen, sich engagieren, ja begeistern?«

»Das ist ja nicht so einfach zu finden, sie sagen es uns ja nicht und wissen es oft auch nicht. Ich weiß ja selbst manchmal nicht genau, wo meine Talente und Stärken liegen. Ich hab sowieso das Gefühl, viel zu viel mit meinen Schwächen beschäftigt zu sein«, poltert Fred, der Baumaschinenhändler, das erste Mal dazwischen.

»Sie treffen den Nagel auf den Kopf«, antwortet Verena. »Das erste wird wohl sein, sich der eigenen Fähigkeiten, Stärken und Talente bewusst zu werden. Sie lassen sich durchaus entdecken. Und kennen wir sie, sind sie ein unerschütterliches Fundament unserer eigenen Souveränität, die wir brauchen in der Erziehung, wie der israelische Psychologe Haim Omer sagt.«

Fred ungeduldig: »Schön, aber wie finden wir sie?«

Verena schmunzelt: »Langsam und Schritt für Schritt entdecken. Es gibt ganz ausgezeichnete Methoden für Erwachsene, die eigenen Stärken zu finden und für sich nutzbar zu machen. Sie sind am Ende des Kapitels in den Tipps unter »So finden Sie Ihre Stärken – Wege zu Ihrem persönlichen Flow« zusammengefasst.«

»Ja, und wie entdecken wir sie bei unseren Teenagern, bei unseren Kindern?«, fragt Frank.

»Indem wir ihnen aufmerksam zuschauen, sie aufmerksam beobachten in dem, was sie tun und das auch registrieren«, so Manfred. »Jedes Kind, das ist aus der Entwicklungspsychologie bekannt, hat von sich aus den Drang, sich zu verwirklichen. Aktivitätsdrang nennt dies die österreichische Entwicklungswissenschaftlerin Lotte Schenk-Danzinger. Das ist der Drang, einen Platz in der Welt zu finden, eine Rolle zu spielen, der

Drang, unterstützt und geliebt zu werden und eigenständig etwas zu tun«, kommt Manfred ins Schwärmen.

»Jedes Kind nutzt die Fähigkeiten, die es hat, auf seine eigene Art und Weise«, löst Verena Manfred ab. »Das eine wartet ruhig, das andere ist übersprudelnd aktiv, das andere probiert viel Verschiedenes aus, das eine bleibt versunken. Kinder nutzen da ihre Möglichkeiten, ihre Talente. Und, um zur Meisterschaft zu kommen betreiben sie ein sogenanntes Überlernen.«

»Überlernen?«, schaut Marianne auf.

»Gehen lernt man beispielsweise, in dem man es immer und immer wieder probiert, bis es automatisiert ist. So geht's auch mit den Charakterstärken, etwa Kreativität, Ausdauer, Führungsqualität, soziale Intelligenz usw. … Und es braucht die unterstützende Umwelt«, erklärt Verena.

»Wohlmeinend beobachten, wachsam sein und begleiten, das scheint wohl das Modell zu sein«, stimmt Alexandra zu.

Verena: »Ja, ja. So sehen Sie die Edelsteine kindlicher Möglichkeiten. Ihre Talente und Stärken blitzen überall auf. Achten Sie auf diese. Das ermöglicht es Ihren Kindern, begeistert zu sein, ihren Flow zu entwickeln.«

»Wozu brauchen wir eine Begeisterung. Lernen sollen sie was«, meint Hermann.

»Begeisterung ist der Dünger für das lernende Gehirn, sagt Gerald Hüther«, ermahnt Manfred fast. »Begeistert ist ein Kind üblicherweise, wenn es vielfältige Möglichkeiten hat, sich in seiner Umwelt erfolgreich zu betätigen. Und tätig sind sie mit zunächst dem, was in ihnen angelegt ist, was sie mitbringen, ihrem Potential. Dann lernen sie. Hier kann viel kaputt gemacht werden.«

»Was meinen Sie damit?«, fragt Annette.

Jetzt hält Verena, unterstützt von Manfred, ein kleines Referat:

»Erziehen heißt auch in der Pubertät vor allem Potential zu entfalten, nicht Potential zu bremsen, durch unsinnige Reglementierungen, Vorschriften, durch übergroße Besorgtheit. Gerade in der Pubertät gibt es ja den großen jugendlichen Enthusiasmus. Nur zu gerne probieren sie vielfältige Möglichkeiten aus, sind sehr sensibel für neue Eindrücke. Was sie dabei mit ihrer Kreativität an Handlungsmöglichkeiten zu Tage fördern und ausprobieren, ist eigentlich wunderbar. Wann, wenn nicht da ist Potentialentfaltungszeit. Hier bedarf es unsere Begleitung und Unterstützung, damit sie mit ihren Stärken und Talenten in Flow kommen, nicht unserer Bremsung.

Flow, das ist, wenn Sie sich an letztes Mal erinnern, wie wir vorher diskutiert haben, die Möglichkeit, ganz in einer Sache aufzugehen und um dieser einen Sache willen ein Ziel zu erreichen. Diese Fähigkeit, Fertigkeit, dieses Erleben ist von unschätzbarem Wert für das spätere Fertigmachen von Aufgabenstellungen, Projekten, das Bewältigen von Herausforderungen.

Beim Engagement in der Pubertät geht es zunächst darum, einfach Erfahrung zu machen, was alles möglich ist, was Flow zuwege bringt. *Ich kann was, ich bringe etwas zuwege, ich habe meine Stärken, ich kann was bewegen, ich kann ein Ziel erreichen, durch Enthusiasmus und harte Arbeit, und dabei ist dies ganz leicht und geht wie von selbst.«* »Das ist Flow-Förderung in der Pubertät beim heranwachsenden Jugendlichen«, schließt Manfred ab.

»Na, dann können wir ja mit unseren Regeln, unseren Sorgen und unserem ständigen Jammern und Eingreifen ganz schnell zu Flow-Killern werden, und das scheint ja ganz und gar nicht so gut zu sein«, äußert sich Marianne nachdenklich.

Verena geht darauf ein: »Ja, es gibt tatsächlich Flow-Killer. Verhalts- oder Reaktionsweisen, wie Eltern es zuwege bringen, ohne es bewusst zu wollen, auch den größten Enthusiasmus ihrer Kinder im Keim zu ersticken.«

»Welche Flow-Killer habt ihr denn in eurer Erfahrung schon kenn gelernt?«, will Hermann wissen.

Manfred: »Vor allem zwei. Der erste wirkungsvolle Flow-

Killer ist die sogenannte Besserwisserei der Eltern. Die kann schroff-belehrend daherkommen, aber auch liebevoll-indirekt-einfühlsam-verständnisvoll. Dahinter steht immer das Gleiche: Es ist toll, was du hier für Fähigkeiten hast, aber ich weiß, wie du sie am besten anwendest, nimm doch meinen Rat an. Das entwertet gerade heranwachsende Jugendliche massiv. Ihnen wird nämlich durch die Blume mitgeteilt, dass sie noch zu unreif und zu unfähig sind, um überhaupt zu wissen, was gut für sie ist.«

»Das mag in manchen Bereichen ja durchaus zutreffen, aber gerade beim Autonomiestreben, Entdeckerstreben und Ausprobierdrang meiner Kinder wäre das ja das pure Gift«, nickt Annette verständnisvoll.

»Es gibt hier eine Grundregel, die, auch wenn es manchmal schwer fällt, einzuhalten wäre«, schaltet sich Verena wieder ein. »Wenn Jugendliche, heranwachsende Teenager, etwas als ihre Sache entdecken, dann ist es ihre Sache. Und es soll ihre bleibe. Begleiten ja; aber ihnen da dreinzureden und zu sagen, wie es am besten geht – das entmutigt. Und noch mehr: Es leitet die vorhandenen Energien in Richtung Rebellion um, die wieder das gleiche Ziel hat: Ich will dir zeigen, dass ich etwas kann, ich will dir zeigen, dass ich zu etwas nütze bin. Und jugendlicher Flow tritt auch dann ein: Flow im Widerstand gegen die Eltern. Ist das nicht schön?«

»Der zweite Flow-Killer«, nimmt Manfred den Faden wieder auf, »ist die Stärken- oder Talente-Übernahme. Entdecken manche Eltern nämlich, dass ihr Kind für etwas ein besonderes Talent hat, etwa für Tennis spielen, oder für Kreativität, dann ist dies oft ein wunderbares Vehikel für die Projektion der eigenen verborgenen und in der Jugend nicht erfüllbar gewesenen Wünsche und Träume. Das Kind verwirklicht sozusagen stellvertretend den Traum der Erwachsenen.«

»Verständlich, dass das bald auf massiven Widerstand stoßen muss«, meint Sarah.

»Obwohl Kinder dies sehr oft und lange mitmachen, um den Eltern zu gefallen«, ergänzt Verena, »verflachen das Engagement und der vielleicht am Anfang dagewesene Flow aber immer mehr.« Verena bringt Beispiele: »Früher hat sie noch gerne Trompete oder Gitarre gespielt und im Chor gesungen, jetzt auf einmal nicht mehr. Ich verstehe gar nicht warum. Manche Jugendliche hören mit dem Fußballspielen auf, weil sie es satt haben, die Reinkarnation des jugendlichem Vaters auf dem Rasen zu sein, anstatt sie selbst.«

»Die jugendliche Energie ist trotzdem aber da«, merkt Marianne an. »Die stecken sie halt dann auch da in Widerstand und Rebellion.«

»So kann es gehen«, spöttelt Manfred ein wenig und ergänzt: »Der dritte Flow-Killer tritt auf, wenn Eltern bemerken, dass ein Kind Verhaltensweisen, ja Leidenschaften bei etwas entwickelt, die sie als Eltern sich mühevoll abgewöhnt haben. Dann regiert die Angst, dass ihre Teenager die gleichen ›Fehler‹ machen, gleich peinlich sind, wie sie selbst vermeintlich waren. Also blockieren wir von Vornherein in ›gut gemeinter‹ Fürsorge sämtliche Aktivitäten in diese Richtung. Und genau das passiert dann. Der Vater, der selbst unordentlich war, züchtet sich so seinen unordentlichen Sohn, die Mutter, die selbst Essprobleme hatte, züchtet sich so die essgestörte Tochter.«

»Aber wir können sie ja auch nicht nur alleine werkeln lassen«, protestiert Fred. »Was passiert, wenn sie in die falsche Gruppe geraten, ist ja bekannt. Ebenso, was passiert, wenn sie sich in ihrem Enthusiasmus in etwas versteigen, das sie nicht überblicken können. Ihr habt uns ja gesagt, dass die Selbstkontrolle noch mangelhaft ausgeprägt ist, und die Lust, Dinge zu machen, die über ihren Verhältnissen liegen, leider groß ist.«

»Ja, das ist wohl die große Herausforderung für Eltern, gerade bei heranwachsenden Jugendlichen«, stimmt Verena zu. »Wo greifen wir ein? Hier braucht es viel Fingerspitzengefühl.«

Marianne setzt nach: »Die Frage ist auch: Wie greifen wir ein?« Verena antwortet: »Gerade wenn es darum geht, jugendliche Begeisterung zu wecken und zu fördern, müssen wir natürlich damit rechnen, dass sie manchmal etwas über das Ziel hinausschießt. Das Gebot der Stunde lautet hier aber: Begleiten und Unterstützen statt Maßregeln und Verhindern. Natürlich gibt es so manche Dinge und Verhaltensweisen, die über die rote Linie hinausgehen. Dort ist es dann wichtig, diese Grenze klar aufzuzeigen, aber sein Kind nicht zu dämonisieren.«

»Das Ermöglichen jugendlicher Begeisterung braucht viel Flexibilität, Einfühlungsvermögen und vor allem unbedingtes Verbunden-Bleiben«, beginnt Verena abschließend. »Dann gelingt die angemessene Begleitung und Unterstützung. Diese brauchen Jugendliche, wenn sie sich engagieren und damit mitbekommen, erlernen, ja spüren, wie wertvoll die Fähigkeit, sich ganz und gar zu engagieren, ganz und gar begeistert zu sein, eben in Flow zu sein für ein positives Leben, Wohlbefinden und für die Erreichung größerer Ziele sein kann.«

»Am Punkt«, meint Marianne die Juristin. »Das Schreiben einer Abschlussarbeit in einem Studium schaffst du glaube ich nicht, ohne dass du zumindest zwischendurch in Flow kommst. Und jetzt bitte ganz konkret. Welche Wege gibt es nun, das Engagement, den Flow unserer Kinder zu fördern und zu unterstützen?«

Tipps für Eltern und Jugendliche

So entdecken Eltern ihre Stärken und entwickeln Flow und Engagement:

1. Achten Sie auf Ihr positives Selbst. Entwickeln Sie dieses. Achten Sie darauf, wie Sie selbst mit sich umgehen, welcher Reaktionsstil in herausfordernden Situationen im Vordergrund steht. Bewerten Sie sich selbst als jemand, der nichts zu Wege bringt, oder sind Sie jemand, der von sich selbst sagt: Wenn ich will, kann ich das schaffen. Ich organisiere mir die nötige Unterstützung. Folgende Wege helfen Ihnen, Ihre Stärken zu entdecken:

- Machen Sie sich einen Best-Self-Report. Befragen Sie andere, Angehörige, bekannte Freunde …, was Ihre Stärken in der Erziehung und im Leben sind.
- Ermitteln Sie Ihre Signaturstärken, indem Sie auf www.charakterstaerken.org gehen und dort den Values in Action (VIA) Fragebogen ausfüllen. Der Computer liefert Ihnen sofort eine Auswertung Ihrer Signaturstärken, also der fünf größten Stärken.
- Nützen Sie Ihre Stärken für sich selbst und in der Erziehung. Nehmen wir das Beispiel soziale Intelligenz. Das bedeutet nichts anderes, als dass Sie gut mit anderen reden können und hervorragende Ergebnisse im Umgang mit anderen erzielen. Nutzen Sie dies, um Ihrem Jugendlichen, Ihrem Teenager zu begegnen.
Wenn etwa Kreativität Ihre größte Stärke ist, nehmen Sie sich beispielsweise am Abend Zeit, um kreative Wege zu finden, die Stärken Ihrer Kinder zu unterstützen oder mit ihnen umzugehen. Kombinieren Sie Ihre Stärken mit den Stärken Ihres Partners.

2. Finden Sie heraus, wie Sie in Flow kommen. Folgende Möglichkeiten können Sie beherzigen:
   - Fokussieren Sie Ihre Aufmerksamkeit auf die Aktivität, bei der Sie in den Flow kommen wollen, sei es beim Sport oder auch beim Erziehen.
   - Lassen Sie sich ganz darauf ein.
   - Finden Sie ein Ziel und achten Sie darauf, dass dieses Ziel für sie zugleich erreichbar und herausfordernd ist.
   - Wenn Sie dieses Ziel erreicht haben, stellen Sie sich eine neue Herausforderung.
   - Wenden sie a – d in der Erziehung an. Finden Sie so Ihre Rolle und Ihren Platz in der Erziehung, der am besten zu Ihnen passt.
   - Üben Sie Flow im Gespräch. Richten Sie im Gespräch die ganze Aufmerksamkeit auf Ihren Teenager. Seien Sie aufmerksam, hören Sie zu. Machen Sie nichts beiläufig, weil es Ihnen lästig ist. Nehmen Sie sich die Zeit, Sie werden wundervolle Ergebnisse erzielen, vor allem auch damit, dass Sie einfach zuhören.

So unterstützen Sie Ihren Teenager, seine Stärken zu finden und Flow zu entwickeln:

1. Das Wichtigste: Stärken Sie ganz allgemein den Selbstwert Ihres Teenagers. Teilen Sie ihm mit, dass Sie ihm etwas zutrauen, dass er etwas erreichen kann. Machen Sie das auch durch kleine Gesten der Anerkennung deutlich und sichtbar. Lassen Sie ihn spüren, dass Sie ihn für voll nehmen. Behandeln Sie ihn in Ihrer Sorge nicht wie den kleinen Idioten von nebenan.
2. Beobachten Sie Ihren Teenager aufmerksam und wachsam. Entdecken Sie seine Leidenschaften, seine Stärken und Qualitäten.

3. Zeigen Sie ihm den VIA-Youth-Fragebogen auf www.charakterstaerken.org. Ermutigen Sie ihn, seine Signaturstärken zu nutzen, um seiner Leidenschaft, dem was er gut kann, nachgehen zu können.

4. Akzeptieren Sie das, was er oder sie gewählt haben. ›Lieben Sie, was er liebt‹, empfiehlt Richard Lerner.

5. Unterstützen Sie das Erleben von Engagement und Flow, aber kommandieren Sie es nicht herbei.

6. Nutzen Sie bereits vorhandene sogenannte »Obsessionen« (Computer Games, Filme, Musik) Ihres Teenagers, um mit ihm ins Gespräch zu kommen und diese eventuell kreativ weiter zu entwickeln.

7. Seien Sie selber ein Beispiel, indem Sie Flow vorleben und mit Ihrem Kind besprechen, wie Sie in Flow gekommen sind.

8. Zeigen Sie ihm, dass Zielerreichung harte Arbeit ist, und besprechen Sie mit ihm, wie man Ziele, für die man sich engagiert, erreichen kann.

9. Zeigen Sie ihm die Technik der kleinen Möglichkeiten, der kleinen Schritte als effektive Technik der Zielerreichung.

10. Seien Sie an seiner Seite, wenn Ihr Teenager durch ein übergroßes Engagement in die Sackgasse geraten ist.

11. Nutzen Sie Misserfolge, um gemeinsam neue Stärken zu entdecken und neue Möglichkeiten zu finden.

Tipps für Jugendliche, die stark und engagiert machen und in Flow versetzen:

1. Finde systematisch Dinge heraus, die du magst oder gerne tun möchtest. Habe hier keine falsche Scheu. Jede Aktivität ist willkommen und gut.

2. Entdecke deine Stärken indem du den VIA-Youth Fragebogen auf www.charakterstaerken.org ausfüllst.
3. Frage andere, was die besondere Stärke war, die dich etwas gelingen hat lassen.
4. Frage Freunde, was deine Stärken allgemein sind.
5. Nutze deine Stärken in allen Bereichen, wo du dir sicher bist, dass du etwas kannst, du zugleich herausgefordert bist und dich weiter entwickeln kannst.
6. Wenn etwas misslingt, finde das Positive im Negativen. Irgendeine Türe öffnet sich immer.
7. Genieße den Erfolg – auch den kleinen.
8. Probiere Dinge aus, die du gerne machst.
9. Finde dir einen Mentor, der dich unterstützt und dich berät, dem du alles sagen kannst.
10. Lass dich langsam ein – dann kommt der Flow.
11. Bleib dran!

6. Kapitel

Jugendliches Aufblühen durch positive Beziehungen

Wir haben bisher in unserem Buch die Bedeutung des Erlebens positiver Gefühle im Verhältnis 3:1, sowie die Wichtigkeit sich total zu engagieren, Flow zu erleben, kennengelernt. Für sich allein genommen bedeutet dies noch nicht allzu viel. Richtig relevant wird es erst im Zusammenhang mit anderen Menschen, mit sozialen Beziehungen. Jugendliches Aufblühen realisiert sich immer im Umgang mit anderen, in der Möglichkeit, Beziehungen zu haben, in denen man seine Erlebnisse teilen kann. Das folgende Kapitel beschäftigt sich nun mit der Wichtigkeit positiver Beziehungen, für gelingende Entwicklung in der Pubertät, mit den Hintergründen und den Möglichkeiten, die Eltern haben, dies zu fördern.

»Karl redet kaum mit mir, wenn überhaupt gibt er nur ablehnende und widerstrebende Antworten«, beklagt sich Holger, der Berliner Kinderarzt, in unserer Elternrunde.

»Aber seinem Bushido-Trainer (eine fernöstliche Kampfkunst) vertraut der 17-Jährige alles an. Er kann die kritischsten Worte sagen, ›unmögliche‹ Ratschläge geben, und er beherzigt sie.«

»Mir geht es mit Birgit sehr ähnlich«, setzt Ulrike fort. »Will ich etwas mit ihr bereden, stoße ich auf eine Wand trotziger Ablehnung.« »Helfen will sie überhaupt nicht«, so Annette über ihre 14-jährige Tochter. »Für ihre Freundinnen tut sie aber alles. Da ist kein Weg zu weit und keine Aufgabe zu schwer. Wie kann das nur sein?«

»Beziehung zählt«, antwortet Herwig, der gemeinsam mit Manuela diesmal die Elternrunde leitet. »Was heißt denn das wieder Wollen Sie damit sagen, dass wir keine Beziehung zu unseren Kindern haben?« »Nein, ganz und gar nicht«, antwortet Manuela, »sondern nur einfach das, dass sich die beiden dort offensichtlich wohl fühlen. Und das motiviert sie, sich zu engagieren, sich zu öffnen.«

»Der Mensch ist nämlich – lasst es uns ganz allgemein sagen – für gelingende Beziehungen und Kooperation konstruiert«, sagt Herwig. »Zuwendung von anderen zu erlangen, ist seine grundsätzliche Motivation. Charles Darwin sagte 1887: *Der Mensch findet, übereinstimmend mit dem Schiedsspruch aller Weisen, dass höchste Befriedigung sich einstellt, wenn man ganz bestimmten Impulsen folgt, nämlich den sozialen Instinkten. Wenn er zum Besten anderer handelt, würde er die Anerkennung seiner Mitmenschen erfahren und die Liebe derer gewinnen, mit denen er zusammenlebt, und dieser Gewinn ist ohne Zweifel die höchste Freude auf dieser Welt.«*

Und Herwig ergänzt: »Etwas früher, nämlich 1872 sagte er Folgendes: »*Da ohne Zweifel Zuneigung eine Vergnügen erregende Empfindung ist, so verursacht sie ganz allgemein ein Lächeln und glänzende Augen. Ganz allgemein wird eine starke Begierde empfunden, die geliebte Person zu berühren. Bei niederen Tieren sehen wir dasselbe Prinzip tätig, dass sich Vergnügen aus der Berührung in Assoziationen mit Liebe herleitet.«*

»Wir Menschen sind also auch auf Kooperation programmiert, nicht auf Konkurrenz?«, fragt Holger, der Kinderarzt.

»Ja, genau«, antwortet Manuela, »das ist das wohl überraschendste Ergebnis moderner neurobiologischer Forschung. Wir sind von Geburt an auf Zuwendung, Rückhalt, gelingende Beziehung und unterstützendes Miteinander eingestellt. Das ist die grundsätzliche Motivation, nicht die, den anderen zu zerstören und auszubooten. Der Treibstoff dieser Motivation ist ein Botenstoff namens Dopamin. Er versetzt uns Menschen in einen Zustand von positiver Konzentration und Handlungsbereitschaft. Ist das Ziel Zuwendung erreicht, stellt sich Wohlbefinden ein, wie wir ja alle selbst spüren. Dafür ist unser körpereigenes Drogensystem verantwortlich.«

»Was?«, fragt Ulrike.

»Ja, unser eigenes Drogensystem«, antwortet Herwig. »Unser Körper produziert Opiate, die dieses Wohlgefühl herbeiführen. Überdies wirken sie schmerzlindernd und werden, wie in einem aufsehenerregenden Experiment festgestellt werden konnte, vermehrt ausgeschüttet, wenn Aussicht auf Hilfe besteht.«

»Na und? Und wozu müssen wir das jetzt alles wissen? Es geht ja um unsere Teenager.«

»Nein, nein«, versucht Manuela zu besänftigen. »Diese Hintergründe zu verstehen, ist ganz wichtig für unseren Umgang mit Teenagern, wie wir später sehen werden. Nicht die Stärke des Einzelnen hat den Mensch zum Mensch werden lassen, sondern sein Zusammenarbeiten in Gruppen. Seine Fähigkeit, aufeinander zuzugehen, zu kooperieren, nur gemeinsam konnten in grauer Vorzeit die Gefahren der Umwelt, etwa durch Tiere, aber auch Naturkatastrophen abgewehrt werden. War einer allein, bedeutete das zumeist das sichere Todesurteil. Es braucht die soziale Kooperation, um zu überleben, und es braucht das Großhirn als Sozialsimulator, wie der weiter vorne bereits erwähnte amerikanische Psychologe Martin Seligman sagt: ›Es braucht eine Einheit, die in der Lage ist, soziale Probleme zu lösen und sozial zu kooperieren. Damit der Mensch zu dem geworden ist, was er heute ist.‹

Und es braucht gelingende Beziehungen und Bindung, damit der Mensch, wenn er geboren ist, zum Menschen werden kann. Darauf weisen in eindrucksvoller Weise Ergebnisse der Bindungsforschung hin und leider auch die Ergebnisse über Entwicklungsprobleme, die Menschen haben, die in früher Kindheit isoliert waren, keine menschliche Wärme gespürt haben, traumatisiert wurden.«

»Wie geht das nun, dass wir Menschen uns aufeinander einlassen?«, fragt Ulrike, nun ganz abseits der Teenager Problematik.

Manuela ist in ihrem Element: »Das menschliche Gehirn, also wir Menschen, verfügen über die Fähigkeit zur Resonanz, zur Interaktion. Entdeckt wurden die sogenannten Spiegelneurone durch ein Affenexperiment. Bei Affen wurde die Gehirnaktivität gemessen, und dabei konnte der italienische Forscher Giacomo Rizzolatti feststellen, dass bei Affen, wenn sie anderen Affen bei der Bewegung zusahen, auch in ihrem Gehirn das Areal, das für Bewegung zuständig war, angeregt wurde. Beim Menschen konnte dies mit der Einführung der funktionellen Magnetresonanztomographie ebenfalls festgestellt werden. Und noch darüber hinaus konnte festgestellt werden, dass bei uns dieselben Gehirnareale angeregt werden, wenn wir einen anderen Menschen traurig oder hilfsbedürftig sehen. Wir verfügen über ein sogenanntes Resonanzsystem, ein höchstanspruchsvolles Zusammenspiel verschiedener Gehirnteile, die im Großhirn und im Stammhirn gelagert sind. Für diejenigen, die das genauer interessiert: die beteiligten Gehirnareale heißen präfrontaler Kortex, anteriorer cingulärer Kortex, Insula und Limbisches System (s. 4. Kap.). Wir können Dinge fühlen, die andere fühlen, uns miteinander freuen, uns gegenseitig sozialen Rückhalt geben, in Resonanz sein.«

»Gibt's da auch wieder so was ähnliches wie einen Botenstoff?«, fragt Silvia, die Hotelmanagerin.

Herwig scheint auf diesen Zuruf gewartet zu haben. »Ja natürlich, und zwar das Bindungshormon Oxytocin. Es ist das Hormon, das an sich dafür verantwortlich ist, dass die Milch in die mütterliche Brust gelangt, wenn das Kind an der Brustwarze saugt. Außerdem konnte festgestellt werden, dass es auch ausgeschüttet wird, wenn es zu einer vertrauenstiftenden festen Bindung kommt. Und umgekehrt hat es auch die Wirkung in die andere Richtung, nämlich dass es die Bereitschaft erhöht, Vertrauen zu schenken, vor allem gegenüber Nahestehenden.

Oxytocin ist also auf Bindung und Vertrauen spezialisiert. Nach Jaak Panksepp, dem amerikanischen Psychologen und Neurowissenschaftler, fördert es auch Zuversicht und Selbstvertrauen Es ist eine echte Gesundheitsdroge. Oxytocin sorgt für körperliche und psychische Entspannung, senkt den Blutdruck, lenkt das Angstzentrum und vermag die biologischen Stresssymptome wie Angespanntheit usw. zu lindern.«

»Aha, deshalb beruhige ich mich so schnell, wenn mich meine Frau in den Arm nimmt!?«

»Das wird zweifellos so sein«, schmunzelt Herwig.

Ganz allgemein lässt sich mit George Vaillant und Martin Seligman sagen, dass du, wenn du einen Freund hast, den du um 4 Uhr in der Früh anrufen und deine Probleme erzählen kannst, wahrscheinlich länger leben wirst. Und die amerikanische Glücksforscherin Sonja Lyubomirsky hat eindeutig nachgewiesen, dass Hilfsbereitschaft und das Vollbringen guter Taten im richtigen Ausmaß, am besten mehrere an einem Tag, das Wohlbefinden steigert. Und um es noch mal allgemein zusammenzufassen: Gelingende Beziehungen sind das A und O dafür, dass Menschen sich gut fühlen. Und eines sei noch festgehalten, in Resonanz geraten wir nur mit Personen, die wir kennen und die uns auch wichtig und wertvoll sind.«

Holger wird der ganze neurobiologische Vortrag langsam zu viel: »Na gut, und was hat das Ganze nun mit unserem Umgang mit unseren Teenagern zu tun?« »Für die sind wir ja sowieso nicht mehr wichtig«, sagt Silvia. »Da gibt's ja nur mehr die Peers, die Gleichaltrigen. Und wir Eltern sind kaltgestellt. Wozu dann das Ganze neurobiologisch unterlegte Beziehungsgefasel?«

»Weil es Gott sei Dank nicht stimmt, dass wir Eltern für unsere Kinder und Teenager unwichtig sind. Genauso wie sie uns nicht unwichtig sind. Der amerikanische Entwicklungspsychologe Richard Lerner hat das eindrucksvoll nachweisen können. So wichtig Gleichaltrige für Pubertierende, für Heranwachsende, für Teenager sind, um sich auszuprobieren, um neue Formen des Kontakts, um zart sprießende erotische Zuneigung, notwendige Autonomie zu erleben, sind es auch die Eltern. Sie bleiben die entscheidenden Bezugsfaktoren. Es ist paradoxerweise fast so, je schwieriger die Problematik, desto größer die Sehnsucht und das Streben nach einer guten Beziehung zu den Eltern und Bezugspersonen.

Das ist ja auch unsere Eingangsfrage, Jugendliche streben nicht nur nach Gleichaltrigen, sondern sie suchen sich in systematischer Weise auch Erwachsene und andere Bezugspersonen, denen sie sich anvertrauen können. Wir wissen auch, dass wir mit Mentoren bei hochschwierigen Jugendlichen die besten Erfolge haben. Also erwachsene Menschen, die sich der Sorgen und Nöte der Jugendlichen annehmen. Dann gelingt Erziehung so wie Beziehung, dann fließt Dopamin, auch bekannt als das ›Glückshormon‹, dann werden in Strömen körpereigene Opiate ausgeschüttet, die ein positives Gefühl erleben lassen.«

»Dann brauchst du keine Drogen mehr«, lacht Annette. »Hast alles selber produziert.«

»Ja, Drogenmissbrauch ist ja genau der Versuch, gelingende Beziehung herzustellen, nur leider mit bedenklichen gesundheitlichen Folgen«, wirft Manuela ein.

»Aber«, wendet nun Ralf ein, »einige driften ja doch wirklich weg, die ziehen sich in Subgruppen zurück, in die Drogenszene, in rechtsradikale Gruppierungen, schließen sich Gangs an. Gehen dorthin, wo wir überhaupt keinen Zugriff mehr haben, setzen sich übergroßen Risiken aus.«

»Ich hab es bei meiner Tochter nicht mehr kontrollieren können«, sagt Annette und erzählt, dass ihre Tochter mit einer Freundin nächtelang weg war, sich beide unerlaubt Piercings stechen ließen, die Schule vernachlässigten und sich als 14½-Jährige mit zweifelhaften Männern getroffen hatten.

»Das wird viel schlimmer dargestellt, als es oft eigentlich ist. Die meisten dieser Jugendlichen finden ihren Weg zurück, genauso wie die 14½-jährige Nina, die von ihrer leider drogensüchtigen Mutter weggezogen ist, nachdem sie den Mut hatte, den Vater wieder zu treffen. Nach einer Reihe aufsehenerregender Kämpfe zwischen Tochter und Vater hat Nina heute ganz ordentlich die Schule abgeschlossen und eine Lehre begonnen. Ist eigentlich kaum mehr wiederzuerkennen«, so Herwig.

»Zweifellos ist es so«, ergänzt Manuela, »dass das Wegdriften und das Abwenden von den Eltern nicht zu unterschätzen ist. Am häufigsten passiert dies unserer Erfahrung nach, wenn es schon in der frühen Kindheit immer wieder Beziehungsabbrüche, Traumata und Gewalt gegeben hat.

Aber es kann natürlich auch in der Pubertät passieren. Ein unheilvoller Teufelskreis kann beginnen. Ihre noch vielleicht minderjährige Tochter und ihr fünfzehnjähriger Sohn begehen eine pubertäre Torheit, sie bleiben zu lange weg, wie Nathalie, oder fahren vielleicht unerlaubt, wie Matthias das getan hat, mit dem Auto des Vaters, der noch dazu ein neugekaufter Porsche war, also Vaters Liebling. Auf die Schimpfe haben sie dann mit Coolness und Achselzucken reagiert. Als die Eltern dann deutlicher geworden sind, kam der Rückzug, und als die Eltern daraufhin sagten, wenn sie so weiter machten, könnten sie nicht mehr bei ihnen sein, reagierten sie mit Rückzug und Abwertung.«

»Ja, ganz offensichtlich führen wir den Beziehungsabbruch dann selber herbei«, sagt Annabelle, »und dann passiert genau das, was nicht passieren soll. Sie wenden sich von uns ab, flüchten in Peergruppen, und die Distanz wird immer größer und größer, sie werden auf uns aggressiv, begehen Gewalttaten oder sagen gar nichts mehr.«

»Aber das kann ganz schön wild ausfallen«, sorgt sich Holger, »die haben ja noch kein ausgereiftes Großhirn, auch die Fähigkeiten zur sozialen Empathie und zur Rücksichtnahme sind noch nicht so ausgereift. Das kann ja ganz schlimm werden.«

»Ja, aber alles ist machbar, alles ist reversibel, alles ist lösbar«, beruhigt Herwig. »Es kommt vor allem auf eines an …«

Alle in der Elternrunde schauen groß.

»Na, auf was denn?«

»Nun, darauf dass wir die positive Beziehung zu unseren Kinder nicht aufgeben!«, meint Manuela.

»Ja, aber ich kann das einfach nicht!«, ereifert sich jetzt Annabelle. »Wenn er so aggressiv ist und herumschreit, dann seinen kleinen Bruder misshandelt, dann kann ich nicht mehr nett sein zu ihm.«

»Verständlich, verständlich«, meint Manuela. »Aber schauen wir uns mal an, wozu Wut und Aggression eigentlich da sind. Aggression, so sagt der Freiburger Neurobiologe und Psychotherapeut Joachim Bauer, ist eigentlich eine relativ sinnvolle Einrichtung. Sie tritt dann auf in Verbindung mit körperlichem oder sozialem Schmerz.«

»Und wann tritt sozialer Schmerz auf?«, fragt Annabelle.

»Dann, wenn ein Jugendlicher gerade in seiner sensiblen Phase in der Pubertät oder beim Heranwachsen nicht mehr ernst genommen wird, sich Vater oder Mutter von ihm abwenden, er also isoliert ist. Dann kommen oft Aggressionen zum Vorschein, gegen andere, gegen Sachen oder gegen sich selbst, wie zum Beispiel beim Ritzen. Aggression im Dienste der Beziehung und als oft schwer verständlicher Ruf nach Wiederaufnahme von Beziehung und Geborgenheit, nachdem die Schmerzgrenze überschritten ist.«

»Also nett sein, wenn er seinen Bruder verprügelt, ein Straßenschild demoliert, seinen Schrank eintritt? Na, ich weiß nicht …«

»Sicher«, sagt Herwig, »wenn die Schmerzgrenze überschritten ist, kann konstruktive Aggression schnell in eine massiv destruktive münden. Aber uns geht es ja darum, dass wir mit unseren Jugendlichen gut umgehen, und hier müssen wir vor allem auch bei aggressiven Verhaltensweisen im Auge behalten, was dahinter steckt, nämlich die Sehnsucht nach Beziehung. Natürlich besteht kein Zweifel daran, dass wir gegen Gewalt in jeder Form energisch Widerstand leisten müssen.«

»Ja, die Beziehung halten, das ist leicht gesagt, aber schwer getan«, merkt Annette an. »Wie soll denn das gehen, wenn man am Ende seiner Kräfte ist und immer bis aufs Äußerste provoziert wird?«

»Es gibt hauptsächlich zwei Wege«, meint Manuela. »Verbinden und Deeskalieren, und nicht immer alles besser wissen und heimlich nötigen«, wirft Simon, ein angehender 25-jähriger Psychologe ein, der bisher schweigend dabei gesessen ist.

»Was meinen Sie mit verbinden?«, fragt Holger.

Manuela antwortet: »Verbinden meint das Bestreben der Eltern, unter allen Umständen positiven Kontakt zum pubertierenden Jugendlichen zu halten, sei es noch so schwer.«

»Oder gerade dann, wenn es ausweglos erscheint, wird dies umso wichtiger«, ergänzt Herwig.

»Und wie geht dieses Verbinden?«, fragt Annette etwas ungeduldig und skeptisch.

»Nun, zunächst lohnt es sich, bei sich selbst anzufangen«, erläutert Herwig. »Ein bisschen in aller Ruhe in sich selbst hineinzuschauen, welche Kerbe das Verhalten des Heranwachsenden bei einem selbst jetzt gerade trifft. Ist man gekränkt, ist man besorgt, weil man verhindern will, dass dieser Jugendliche genau das Gleiche macht, was man selbst macht. Es geht darum, sich mit sich selbst in Beziehung zu setzen und die Dinge einfach mal vorbeiziehen zu lassen, und wie schon öfters erwähnt, einfach gewahr zu werden, dass Dinge kommen und gehen und dass es eine positive Weiterentwicklung geben wird.«

»Hier mit sich selbst in Kontakt zu kommen, klingt vielleicht etwas esoterisch, aber ist unglaublich beruhigend«, meint Manuela. »Hilfreich sind auch vertrauensvolle Gespräche mit anderen, damit man selber wieder ins Lot kommt. Dadurch kann man viel souveräner agieren. Verbinden meint einfach auch ohne Worte zu signalisieren, durch die Körpersprache: ›Ich bin da, ich mag dich, ich schätze dich, auch wenn ich dein Verhalten gerade gar nicht akzeptieren kann‹. Verbinden meint auch eine liebevolle Beziehungsgeste pro Tag. Ein nettes Wort, eine kleine Aufmerksamkeit, bedingungslos, ohne Wenn und Aber.«

»Ja, das stimmt«, sagt Silvia. »Wenn ich es schaffe, ruhig zu bleiben und bei mir bin, dann beruhigt sich alles viel schneller, sonst eskaliert oft alles hoffnungslos. Dann haben wir Tage zu tun, bis wir wieder ins Lot kommen.«

»Und wie geht Deeskalieren, wie ihr das so schön nennt? Ihr meint damit wahrscheinlich ruhig bleiben und ruhig und schön sprechen, oder? Wie soll das gehen, wenn ich voll in Rage bin?« Herwig lächelt: »Das ist verdammt schwer, aber es ist erlernbar.« »Ja, mein Vater hat es auch erlernen müssen und erlernen können«, erinnert sich Simon. »Ist er ruhig geblieben, konnte ich mich auch viel eher abregen, wenn auch die Wut noch so groß war über die unglaublichen Behauptungen meines Vaters.«

»Der Ausgangspunkt für deeskalierende Gespräche ist eine Überlegung von Michael Grappe, einem deutschen Psychologen«, erklärt Herwig. »Grappe sagt, dass ein Gespräch, auch ein Konfliktgespräch zwischen Kindern, Jugendlichen und Eltern nur dann ein sinnvolles Gespräch ist, wenn beide Seiten erhobenen Hauptes aus dem Gespräch gehen können. Beide müssen/sollen gewinnen können und etwas Positives mitnehmen können. Darum geht das Bemühen.«

»Schöne Worte«, wendet Holger ein, »aber wie?«

»Das erste«, so Manuela, »das es abzustellen gilt, ist das

überschnelle impulsive Reagieren von Seiten der Eltern. Wenn das Malheur passiert ist, führt Hektik nur zu mehr Unruhe anstatt zu Beruhigung. Wenn Gefahr im Verzug ist, muss natürlich schnell reagiert werden. Aber auch hier lohnt sich ein kleines Innehalten. Wenn du also gar nicht weißt, wie du weiter vorgehen kannst, weil du als Vater oder Mutter so sprachlos bist über die sogenannten Untaten deines Jugendlichen, dann ist es am besten zu schweigen und die Reaktion zu verzögern. Das macht schon einen großen Unterschied.«

»Wie kann ich nun die Reaktion verzögern?«, fragt Holger.

»Es gibt ein paar ganz einfache Mittel«, antwortet Manuela. »Zum Beispiel ein paar Mal hintereinander tief Luft holen, sich etwas zurücklehnen.«

»Und unmerklich einen Schritt aus der Situation gehen und im Kopf anders gepolt sein«, ergänzt Herwig. »Sehen Sie es selber als positive Herausforderung, dass sie sich wieder in einer schwierigen sozialen Situation bewähren können und seien Sie dankbar dafür, anstatt zu denken, nein nicht schon wieder, wie lange wird das noch so weitergehen.«

»Stellen Sie dementsprechend auch das Predigen, Belehren, gute Ratschläge, Drohen, Dealen und so weiter ein«, ergänzt Simon. »Es führt zu nichts. Es macht die Situation nur noch explosiver. Es zerschlägt nur Porzellan, es löst nichts.«

»Und dann? Ich kann ja nicht ewig schweigen«, meint Annette.

Herwig erklärt weiter: »Es kommt der Zeitpunkt, zu dem ein Gespräch oder eine Begegnung wieder möglich sind. Diese Situation braucht Beziehung und Sicherheit. Der Jugendliche muss die Sicherheit haben, in dieser Situation nicht ›hingerichtet‹ zu werden. Am besten ist es, Sie beginnen mit einem ermunternden Wort in Richtung Interesse und fangen dann zu fragen an. Lassen Sie den Jugendlichen seine Situation erzählen, von seinem Standpunkt aus, und folgen Sie dem aufmerksam und konstruktiv. Geben Sie dann, wenn es nötig ist und

Sie sich auch mit Ihrem Erziehungspartner oder anderen Unterstützern beraten haben, eine klare Botschaft, dass das für Sie nicht akzeptable ist und Sie sich dagegen wehren werden und Sie sich dabei unterstützen lassen.«

»Ja, manchmal muss man wirklich etwas sagen«, bringt sich Fred ein. »Man kann ja nicht alles stehen lassen, dann glauben die, dass sie einen Freibrief für alles haben.«

»Und hier besteht die größte Gefahr, dass Sie dann hin und her zu reden anfangen, fadenscheinige Angebote machen und vom Jugendlichen auf ein Einverständnis hoffen. Wenn es an der Zeit ist, und Sie souverän und geordnet sind, sagen Sie einfach klar, was Sie möchten und was Sie nicht möchten. Sagen Sie aber nicht mehr dazu und seien Sie sich klar, dass Sie die Reaktion des Jugendlichen auf Ihre Botschaft nicht kontrollieren können. Darum geht es auch nicht. Die klare Botschaft allein wirkt, und Sie können darauf vertrauen, dass sich Ihr Heranwachsender dazu etwas denken wird, wenn die Situation beruhigt ist. Das sagt er Ihnen möglicherweise nicht gleich, aber es wird die Zeit kommen, und dann können Sie ihn bei der Lösung der Probleme unterstützen. Die Frage ist also nicht, ob es okay oder nicht okay war, mit Vaters Porsche eine Spritztour zu unternehmen. Das ist *nicht* in Ordnung. Damit sind Sie nicht einverstanden. Das teilen Sie ihrem Sohn klar und deutlich mit. Und: Das kann so nicht weitergehen. Sagen Sie ihm, dass Sie sich Unterstützung holen werden und dass Sie sich vom Jugendlichen eine Lösung erwarten, die Situation zu klären, ansonsten sehen Sie sich gezwungen einseitige, Schritte zu unternehmen.«

»Was sind einseitige Schritte?«, fragt Annette.

»Etwas, was Sie durchführen können, was nicht von Ihrem Kind oder Jugendlichen abhängt. Die häufigsten einseitigen Schritte sind das Organisieren von Unterstützung, das Organisieren von Helfern, regelmäßige Gespräche, aber durchaus auch einmal ein Ausgangsverbot.«

»Ja, das klingt ganz gut«, sagt nun Annette. »Aber manchmal stellen sie einem fadenscheinige Fragen, ob sie etwas tun dürfen, wo ich nur ›nein‹ sagen kann. Zum Beispiel auf eine Almhütte fahren, wo lauter 14- bis 16-Jährige sind, keine Erwachsenen.« Simon antwortet lächelnd: »Manchmal fragen Jugendliche und erwarten sich insgeheim eigentlich ein ›Nein‹. Dieses ›Nein‹ können Sie dann ihrer Peergruppe gegenüber transportieren und so dem Druck der Peergruppe standhalten. Ihre Eltern erlauben ihnen ja nicht teilzunehmen, sie können daher auch nicht.« Alle lächeln.

»Alles gut und schön«, sagt nun Fred. »Aber wie gehe ich jetzt mit einem Jugendlichen um, der scheu ist, der sich zurückzieht und eigentlich gar nichts redet, so wie meiner. Man merkt, er möchte eigentlich reden, aber er kann nicht.«

Manuela: »Scheu sein ist keine Krankheit und schon gar nicht ein pathologischer, genetischer Defekt. Jemand, der still und zurückgezogen ist, ist halt so, und wir tun gut daran, die Kinder einfach so zu nehmen, wie sie sind. Sehr hilfreich ist hier auch etwas zuzuwarten, gemeinsam etwas zu machen, das aufregend ist. Dann öffnet sich meistens das Kind, wenn es genug Zeit und Sicherheit hat. Fördern Sie Möglichkeiten, wo es einen Freund treffen kann. Einen Freund hat meistens jeder heranwachsende Jugendliche. Wenn es gelingt, in Kontakt zu treten und es jemand ist, der mit dem scheuen Jugendlichen reden kann, besprechen Sie mit ihm den Hauptgrund für seine Zurückgezogenheit, über große Erwartungen und lassen ihn Ideen produzieren, wie er damit umgehen kann. Alles dabei ist gut und hilfreich. Besprechen Sie weitere Möglichkeiten, aber sagen Sie nie, dass dies die einzig richtige Möglichkeit wäre.«

Hier folgen Anregungen, wie Erwachsene Kinder und Jugendliche unterstützen können und auch Anregungen für die Kinder selbst, um positive Beziehungen zu entwickeln und die Sozialbeziehungen zu stärken:

Versuchen Sie folgende Übungen:
Für Erwachsene: Stärken Sie Ihre positiven sozialen
Beziehungen:

1. Gehen Sie mit sich selbst und Ihren inneren Anteilen und Ihrem Erleben bzw. Erlebten in Resonanz. Dazu eignet sich am besten Meditation, wobei zwei Arten diesbezüglich zu empfehlen sind: die einfache Atemmeditation und die sogenannte Loving Kindness Meditation. Beide finden Sie auf www.seligmaneurope.com

2. Üben und praktizieren Sie aktiv konstruktives Reagieren (ACR – *Active Constructive Responding*). Diese Möglichkeit von Martin Seligman ist wohl die einfachste und wirkungsvollste Variante zum Aufbau und zur Etablierung positiver Beziehungen. Es geht darum, auf Nachrichten Ihres Partners offen, positiv, freundlich, bejahend und verbal zu reagieren, so wie nonverbal den Augenkontakt zu halten, ein Lächeln zu schenken. Üben und praktizieren Sie dies. Beispiele für aktiv konstruktives Reagieren finden sie auf www.seligmaneurope.com. Beispiele: Ihr Kind erzählt Ihnen, dass es beim Hundertmeterlauf Dritter geworden ist, und Sie reagieren: Aktiv konstruktives Verhalten: »*Das ist super! Gratulation! Ich weiß, wie wichtig es dir war, gut abzuschneiden. Das müssen wir feiern, und du musst mir alles genau darüber erzählen.*« Dabei zeigen Sie positive Emotionen, berühren Ihr Kind, lachen und halten Augenkontakt. Aktiv destruktives Verhalten: »*Dritter? Der ganze Trainingsaufwand, und dann wirst du Dritter? Vielleicht klappt es ja das nächste Mal mit dem ersten Platz, das wird noch ein hartes Training!*« Dabei kommunizieren Sie nonverbal negative Emotionen, haben einen düsteren Blick, legen Ihre Stirn in Falten usw.

Passiv konstruktives Verhalten: »*Das sind gute Neuig-keiten!*« Dabei zeigen Sie kaum bis keine emotionale Reaktion.

Passiv destruktives Verhalten: »*Wann kommt deine Schwester heute noch mal nach Hause?*« Dabei zeigen Sie kaum bis keinen Augenkontakt, drehen sich weg und verlassen den Raum.

3. Praktizieren Sie von Zeit zu Zeit die Freundlichkeits-übung. Diese Übung von Martin Seligman lautet: Lassen Sie sich morgens eine völlig unerwartete kleine Freund-lichkeit einfallen und praktizieren Sie diese. Beachten Sie dann, was mit Ihrer Stimmung passiert.

4. Pflegen Sie Ihre sozialen Beziehungen, indem Sie sich regelmäßig Zeit für Freunde und Bekannte nehmen. Schenken Sie Ihrem Partner das Geschenk der Zeit. Gar nicht so einfach bei Ihrem engen Terminplan.

5. Bringen Sie anderen gegenüber Ihre Zuneigung, Be-wunderung und Ihre Anerkennung zum Ausdruck. Achten Sie auf ein 5:1 Verhältnis zwischen positiven und negativen Aussagen. Öffnen Sie sich. Jeder von uns hat seine Träume und Ziele.

6. Unternehmen Sie jede Woche mindestens einmal etwas mit Ihrem Partner oder mit einer wichtigen anderen Person, die generell an Ihren Träumen und Rollen interessiert ist, auch wenn Sie diese nicht unbedingt teilen. Gehen Sie zum Beispiel mit Ihrer Partnerin tan-zen, auch wenn Sie generell wenig fürs Tanzen übrig haben.

7. Ändern Sie Ihr Konfliktverhalten. Statt aggressiv über den anderen herzuziehen, ihn abzuwerten bzw. sarkas-tische Bemerkungen über ihn zu machen, ihn zu kriti-sieren oder sich als armes Opfer zurückzuziehen, strei-ten Sie anders.

8. Organisieren Sie sich ein Unterstützernetz für Erziehungsfragen. Bitten Sie andere in Ihrem Familien- und Bekanntenkreis um Hilfe im Umgang mit Ihren Teenagern. Wählen Sie nur solche aus, die Sie positiv unterstützen.

9. Warten Sie ab, geben Sie sich eventuell ein Zeichen, dass Sie jetzt im Streitmodus sind.

10. Zeigen Sie Humor. Humor bringt körpereigene Endorphine, das körpereigene Opium, zum Fließen, und nur mehr Wohlbefinden kann die Folge sein.

11. Intensivieren Sie körperlichen Kontakt, allerdings nur dort, wo es angemessen ist. Umarmen Sie, das bringt viel mehr Nähe und Verbindung, als Sie glauben.

So helfen Sie Ihrem Teenager positive Beziehungen zu entwickeln:

1. Gehen Sie respektvoll mit Ihrem Teenager um. Reagieren Sie aktiv und konstruktiv (ACR) und beachten Sie Zeit und persönliche Möglichkeiten, wenn Sie mit ihm sprechen. Übereilte Gespräche vergiften Beziehungen und sind ein negatives Vorbild. Demonstrieren Sie ihm, dass Sie ihn achten und bewundern. Sprechen Sie ihm Wertschätzung aus, seien Sie für ihn auch ein Modell in anderen Situationen.

2. Zeigen Sie die positive Kraft angemessenen körperlichen Kontakts, etwa einer Umarmung. Umarmen Sie ihn selbst immer wieder.

3. Nehmen Sie Beziehung zu ihm auf, indem Sie mit ihm gemeinsam etwas tun.
   - Regelmäßige gemeinsame Handlungen, etwa eine Tennisstunde, ein gemeinsamer Kaffee, ein gemeinsames Shoppen sind enorm beziehungsstärkend.

- Behalten Sie Familienrituale wie das gemeinsame Abendessen, das gemeinsame Mittagessen, Geburtstagsfeste usw. bei.
- Seien Sie selber aktiv und bringen Sie sich selbst aktiv in Ihre Gemeinde, in Ihre Nachbarschaft ein. Dies zeigt Möglichkeiten auf.

Nehmen Sie sich Zeit und berichten Sie dem Jugendlichen von Ihren Streichen, von Ihren Erfahrungen und von Ihren Lösungsmöglichkeiten.

4. Ermöglichen Sie Ihrem Jugendlichen, Ihrem Teenager, wo immer es geht, dass er kommunikative Verantwortung übernehmen kann. Etwa das Begrüßen der Gäste, das Einschenken von Getränken, den Aufbau des Familienspiels und so weiter.

5. Beziehen Sie Ihren Jugendlichen in Aktivitäten ein, etwa in das Planen von Urlaubsaktivitäten, beim Einchecken in das Hotel, beim Einkaufen.

6. Ermöglichen Sie, wo immer es geht, Kontakte nach außen. Sei es zur freiwilligen Feuerwehr, sei es zum Tennisclub, zum Fußballverein oder zum Tanzclub.

7. Achten Sie auf die richtigen Verbindungen. Seien Sie wachsam und benützen Sie gute Gesprächsstrategien, die emotional verbinden und schaffen Sie eine angenehme Gesprächsbasis. Unterbrechen Sie ganz klar schädliche Verbindungen, etwa die Mitgliedschaft bei einer Drogenbande.

8. Unterstützen Sie behutsam bei der Trennung von solchen Verbindungen. Achten Sie aber immer darauf, die Privatsphäre Ihres Teenagers zu respektieren. Ermutigen Sie initiativ auch über Gleichaltrige hinaus.

9. Schaffen Sie die Möglichkeit, dass ihr Teenager Mentoren kennenlernt.

10. Helfen Sie ihm, sich von seiner Selbstbezogenheit zu lö-

sen, indem Sie ihm die Möglichkeit geben, im offenen Gespräch verschiedenste Aspekte einer Situation zu beleuchten.

11. Verwandeln Sie Niederlagen in wichtige Lernerfahrungen. Eine Tür öffnet sich immer. Bieten Sie das Positive an. Seien Sie unterstützend bei Kritik, bleiben Sie auf der Sachebene und haben Sie immer eine oder zwei Lösungsvorschläge parat.

Positive Möglichkeiten für Teenager, ihre Beziehungen zu verbessern:

1. Sei freundlich, aktiv und konstruktiv (ACR).
2. Setze immer wieder kleine Akte der Freundlichkeit und der Höflichkeit. Grüße am Morgen, Grüße deine Lehrer, mach einen Sitz in der Straßenbahn frei. Wenn du griesgrämig bist, geh raus und hilf irgendjemandem. Diese Übung ist am besten evaluiert für positive Beziehung.
3. Beteilige dich an Aktivitäten, übernimm Verantwortung. Unternimm mit Freunden etwas, lade Freunde zu gemeinsamen Aktivitäten ein. Nimm Angebote aus deiner Schule wahr.
4. Musiziere gemeinsam mit Gleichaltrigen und auch mit deinen Eltern.
5. Such dir wohlmeinende Erwachsene, mit denen du etwas unternehmen kannst, zum Beispiel Paten usw. und besprich dich mit ihnen.
6. Bleibe offen und ehrlich.
7. Nimm Niederlagen als wichtige Erfahrungsmöglichkeiten wahr.
8. Sei verbindlich und zuverlässig.
9. Sei erreichbar, rede, wenn es große Schwierigkeiten gibt, auf jeden Fall auch mit deinen Eltern.

7. Kapitel

Jugendliches Aufblühen: Die Entdeckung von Sinn und Bedeutung

Das Aufbauen einer positiven Grundstimmung, das Erleben von positiven Gefühlen im Verhältnis zu negativen von 3:1 Möglichkeiten, ganz in einer Sache aufzugehen, den sogenannten Flow zu erleben, gelingende Beziehungen anzustreben, ein sicheres Netzwerk zu haben, all das haben wir als Bestandteile von jugendlichem Aufblühen, jugendlichem Wohlbefinden und gelingendem Leben in einer stürmischen Zeit bis jetzt kennengelernt. Einem Element kommt nach übereinstimmenden Meinungen der bekanntesten Therapeuten und Wohlbefindenstheoretikern dieser Zeit noch entscheidendes Gewicht zu, nämlich dem *Sinn*. Mit dem Sinn des Lebens, wie Jugendliche dazu kommen können, wie Eltern dabei helfen können, wie er gefunden wird oder auch nicht, damit wollen wir uns im folgenden Kapitel beschäftigen.

»Meine 15-jährige Marion ist seit kürzerem plötzlich ganz anders. Sie hat ihr Herz für Tiere entdeckt. Gemeinsam mit Freundinnen sucht sie die Umgebung ab und bringt streunende Tiere ins Tierheim und pflegt sie dort. Jetzt endlich sei das Leben lebenswert. Eigentlich verstehe ich das nicht ganz. Es würde doch vielmehr Sinn machen, wenn sie sich auf die Schule konzentrieren würde«, beklagt sich Annette.

»Auch mein Karl hat von heute auf morgen sein Musikinstrument weggelegt und somit der Blasmusikkapelle den Rücken gekehrt«, fügt Holger hinzu. »Er lebt jetzt für die Initiative ›Sauberer Park‹, für die sich Jugendliche in unserem

Stadtteil zusammengefunden haben. Ganz versteh ich es nicht, die Blasmusikkapelle war so eine tolle Gemeinschaft für ihn.«

»Ja da geht's offensichtlich um Sinn. Da wird offensichtlich von euren Jugendlichen Sinn entdeckt«, meldet sich Andrea, die gemeinsam mit Michael diesmal die Elternrunde leitet, zu Wort.

»Sinn! Was für ein Sinn?«, ereifert sich Klaus, »da kann ich mir bei Gott etwas sinnvolleres vorstellen, was die zu machen hätten, als im Park herumzustreunen und Katzen zu retten!«

»Ja, aber offensichtlich haben sie etwas gefunden, für das es sich lohnt, sich zu engagieren, ein bisschen mehr zu machen, ganz offensichtlich die Nische, die ihr Leben wertvoll macht«, antwortet Andrea.

»Aber geht es nicht am Sinn des Lebens vorbei?«, fragt Annette nach.

»Für sie offensichtlich nicht«, antwortet Claudia, die Lehrerin. »Und schau doch mal selbst, wie du in deinem Garten mit deiner Gärtnerei und deinen Blumen aufgehst.«

»Ja«, seufzt Annette fast ein bisschen. »Ich lebe wirklich für meinen Garten.«

»Ja, darf ich mal fragen«, drängt sich Holger, der Kinderarzt in den Vordergrund. »Darf ich die Psychologen fragen, was denn Sie unter Sinn verstehen? Ist die Frage nach dem Sinn, nach dem Sinn des Lebens nicht eine ewige Frage, die wir nicht richtig beantworten können?«

»Martin Seligmann, der berühmte amerikanische Psychologe, über den wir bereits in einem früheren Kapitel gesprochen haben, hat darauf eine ziemlich nüchterne Antwort«, sagt Michael, der Psychologe. »*Sinn ist für Martin Seligman, zu etwas gehören und etwas zu dienen, das wir als größer als unser Ich einschätzen.*«

Dazu meint Ralf: »Ich kenne die Erlebnisse, wenn ich etwas geschafft habe, was mir zunächst größer als ich selbst vorgekommen ist, zum Beispiel meine Abschlussarbeit beim Studium, oder der Aufbau meiner Familie. Und ich muss dir sagen, das gibt dir was.«

»Also, kann jetzt einmal jemand Sinn vernünftig erklären?«, fordert Holger ein.

Michael versucht sich: »Mihály Csíkszentmihályi meint, dass drei Elemente zusammenspielen müssen, damit Sinn im Leben entstehen kann. Als erstes brauchst du ein Ziel, das herausfordernd genug ist, aber auch nicht zu herausfordernd, um deine Energie in Gang zu bringen. Es soll dich so beflügeln, dass du in Flow geraten kannst.«

»Ja, wie beim Marathon-Training«, merkt Holger an.

»Ja, aber es geht zweitens noch um etwas mehr. Es geht neben den Zielen für dein Leben auch darum, eine grundlegende Absicht zu entwickeln, die dein gesamtes Leben in eine kontinuierliche Flow-Erfahrung und etwas Sinnvolles verwandeln.«

»Was heißt das?«, fragt Annette schüchtern. Michael antwortet: »Na, alle deine Kräfte auf den verschiedenen Ebenen zu mobilisieren, damit du dich deiner Lebensherausforderung stellen kannst und sie bewältigen kannst. Es zählt nämlich nicht, was du dir vornimmst, sondern es zählt, was du unternimmst. Für Sinn im Leben zählt fast mehr, was du auf dem Weg dorthin machst, als das Erreichen des Ziels. Mihály Csíkszentmihályi zitiert den berühmten Dramatiker William Blake, wenn er sagt, dass der, der Wünsche hat, aber nicht handelt, Pestilenz ausbrütet.« Michael hält kurz inne und setzt dann fort: »Ja! Das dritte Element schließlich beschreibt Sonja Lyubomirsky recht treffend: Sinn im Leben entsteht dann, wenn sich all die Aktivitäten für die Erfüllung eines Lebenstraumes oder eines Ziels so fügen, dass sie harmonisch ineinander greifen. Dann entsteht Harmonie im Bewusstsein, und das ist das Kennzeichen einer einheitlichen Flow-Erfahrung.«

Claudia meldet sich: »Ja, das muss es dann wohl sein, was die Einzigartigkeit einer Mutter Teresa ausmacht, mit ihrem Engagement für die Armen in Kalkutta.« »Ja, diese Frau hat sicher etwas erreicht«, ergänzt Andrea, »das von großer Bedeutung für die Gemeinschaft ist und zu einem Symbol für Menschlichkeit wurde. Sicherlich etwas, das größer ist, als sie selbst. So ähnlich dürfte es sich auch mit Nelson Mandela verhalten, der wohl über sich hinausgewachsen ist, als er in der Lage war, seinen Peinigern zu verzeihen und mit ihnen ein von Apartheid freies Südafrika auszuhandeln.«

»Und mein Mann«, fügt Annette stolz hinzu, »der hat im Krankenhaus auf der Krebsstation ein Fürsorgesystem aufgebaut, das meiner Meinung nach weit über das Übliche hinausgeht. Der engagiert sich für seine Patienten und Gott sei Dank auch für seine Familie. Seinen Lebenssinn, für andere da zu sein, den spüren wir auch zu Hause.«

»Ja, Sinn im Leben hat viel mit Hilfsbereitschaft, mit der Bereitschaft für andere da zu sein, mit Dankbarkeit und offensichtlich auch mit Vergebung zu tun«, ergänzt Andrea. Ralf ist skeptisch: »Und das wirkt sich aufs Wohlbefinden aus?« »Ganz offensichtlich.« Michael berichtet: »Forschungsergebnisse der University of East London zeigen, dass es einen klaren Zusammenhang gibt zwischen einem hoch sinnvollen Leben und seelischem Wohlbefinden und der Fähigkeit, erfolgreich mit schwierigen Situationen umzugehen. Menschen, die keinen Sinn im Leben finden, haben häufiger seelische Probleme und Suchtprobleme. Wer einen Sinn im Leben gefunden hat, dem geht es besser, der erkennt besser seine Grenzen, fühlt sich erfüllter, ist erfolgreicher im Privatleben und auch in der Arbeit. Er entwickelt eine bessere Einstellung gegenüber seinen Arbeitsaufgaben, aber auch eine bessere Einstellung gegenüber den Menschen. Er ist dadurch, wie Kim Cameron, der Welt führende Positive-Leadership-Forscher sagt, wieder in der Lage, sich privat und in der Arbeit, aber auch in anderen Bereichen der Gesellschaft zu engagieren, was wiederum sein Sinnerleben erhöht.« »Ein positiver Kreislauf«, stimmt Klaus zu. »Aber so leicht ist der Sinn des Lebens nicht zu finden. Ich habe mich jedenfalls ganz schön geplagt. Wie kommt es denn zum Sinn des Lebens? Und welche Arten von Sinn gibt es denn?«, fragt er.

Michael sagt: »Die meisten Psychologen sind sich einig, dass grundsätzlich jedes menschliche Wesen etwas aus sich machen will und dass der Mensch sein Konzept, was er ist und was er im Leben erreichen will, schrittweise entwickelt.« »Welche Schritte sind das denn?«, fragt Katja, die Hausfrau.

Michael zitiert wieder Mihály Csíkszentmihályi: »Erstens beginnt jeder Mensch mit dem Bedürfnis, sich selbst und seinen Körper und seine Grundziele intakt zu halten. An diesem Punkt ist der Sinn des Lebens einfach. Es geht ums Überleben, um Komfort und Lust.

Wenn die Sicherheit des körperlichen Selbst nicht mehr in Frage steht, dann erweitert sich zweitens der Horizont des Sinns und die Werte der Gemeinschaft werden wichtiger. Man tritt für seine Familie, für seine Religion, für seine ethnische Zugehörigkeit, für sein Land ein. Dadurch wird der einzelne Mensch für sich selber größer, ist aber noch konformistisch. Er passt sich den allgemeinen Regeln an. Ist die persönliche Sicherheit gewährleistet, ist man im Einklang mit seiner Familie und seinen Werten, beginnt meistens ein dritter Prozess der Sinnfindung, nämlich man wendet sich wieder sich selbst zu und reflektiert sich. Der Mensch findet Werte und Handlungsziele in sich selbst. Er entwickelt ein autonomes Gewissen, das ist der Punkt, an dem Menschen nach mehr Wachstum und nach Verbesserung der Möglichkeiten streben. Das ist der Punkt, an dem sie immer wieder ein neues Projekt anfangen, um sich selbst zu verwirklichen.

Auf der vierten Ebene wendet man sich wieder von sich selbst ab, so Mihály Csíkszentmihályi, und widmet sein Leben dem Zusammenleben mit anderen und der Entwicklung und der Übereinstimmung mit universellen Seinswerten. Die Ebenen, die wir üblicherweise erreichen, sind die zweite und die dritte, also Familie, Zugehörigkeit, Wachstum und Verbesserung der Möglichkeiten. Denkt zum Beispiel einmal an die Fußballnationalmannschaft, und jeder von uns reflektiert ein bisschen sein Selbst und fragt nach dem Sinn.«

»Ja, wir orientieren uns an höheren Werten«, sagt Annette. »Ich glaub das zumindest. Gerade in Zeiten, wo es schwierig wird, wenn es eine Krise gab, z. B. als meine Mutter so krank war, oder als ich den Tod meines Bruders verkraften musste, habe ich schon an höhere Werte geglaubt. Etwa daran, dass das Schicksal das so vorgesehen hat, und ich muss euch sagen, das hat mir geholfen.«

Darauf Klaus: »Kommen wir wieder zu unserem Ausgangspunkt zurück. Uns geht es ja darum, dass uns ein Sinn im Leben offensichtlich glücklicher macht, und letztendlich soll es ja wohl auch dann unseren Kindern, derentwegen wir hier zusammensitzen, besser gehen. Also, wie kommt es zu Sinn? Gibt ihn uns der Papst, der Dalai-Lama oder irgendeine Partei?«

Andrea ist richtig froh über die ganze Diskussion, so ausführlich konnte sie noch nie in einer Elternrunde über die Bedeutung eines sinnvollen Lebens für das Wohlbefinden und die Entwicklung der Kinder sprechen. »Daran kommen wir nicht vorbei, liebe Eltern«, doziert sie fast. »Den Sinn des Lebens machen wir uns selbst, durch unser Denken und Handeln und unsere Tätigkeiten können wir Dingen und Abläufen wie etwa der Erziehung einen Sinn verleihen. Sinnfindung und Sinngestaltung passieren natürlich in einem Rahmen. In die Natur, in die wir hineingeboren sind, wie ältere Philosophen zu sagen pflegen, aber auch in die gesellschaftlichen Umstände, in die wir hineingeboren sind. Was wir aus uns und unserem Leben machen, das bestimmen immer noch wir selbst. Gott sei Dank. Wir haben die Fähigkeit, das Gehirn, und die Kapazität dazu. Moral und Normen sowie religiöse Gebäude helfen uns bei der Sinnorientierung. Das steht außer Zweifel. Wie wir es aber dann anlegen, bleibt wieder unsere Sache«, sagt Andrea.

»Zugleich muss wohl angemerkt werden«, ergänzt Holger, »dass es heute nicht mehr so leicht ist, seinen Sinn zu finden. Man hat eine Vielfalt von Angeboten, was gut ist. Man kennt sich hier oft kaum mehr aus.« »Ja, genau«, bestätigt Andrea, »dies beschreibt Mihály Csíkszentmihályi. Heute ist es sicher schwieriger, Sinn zu finden, als noch vor 50 Jahren.« »Das macht wohl auch die Aufgabe für unsere jugendlichen Teenager um ein Vielfaches schwieriger«, ergänzt Annette.

»Na gut, und wie finden unsere Jugendlichen nun den Sinn, der sie zum Aufblühen bringen kann? Wie geht das und wie bringen wir den Sinn in sie hinein?«, fragt Katja.

»Ich glaube, in sie hineinbringen müssen wir gar nichts. Unsere Kinder, Jugendlichen, unsere Teenager sind von sich aus selbst Sinnsuchende. Die haben den Drang in sich, etwas aus sich zu machen. Sich zu verwirklichen. Da können wir ihnen getrost vertrauen«, meint Andrea.

»Was uns manchmal schwer fällt«, fügt Klaus hinzu. »Ja, weil sie oft so ungestüm sind, so enthusiastisch, wie wir ja schon früher erfahren haben«, sagt Katja.

»Aber auch bei ihnen beginnt es beim Körper«, sagt Andrea. »In der Pubertät beobachten sie genau, was sich an ihrem Körper verändert, Aussehen, Kleidung, ihre eigene Integrität, ihre eigene Unantastbarkeit, wird immer wichtiger. Wir alle kennen und spüren das. Wenn wir plötzlich keinen Platz mehr im Badezimmer haben.«

»Dann kommt gleich das Soziale. Sinn entsteht über die Beziehungen zu anderen. Wir alle können miterleben, wie sie aufblühen, wenn die erste Verliebtheit da ist«, fügt Michael hinzu. »Aber wenn die Beziehung gut gelingt, dann beginnen sie auch zu reflektieren. Und die Werte und das, was Jugendliche als den Sinn des Lebens sehen, sind gar nicht so verschieden von unseren. Die Jugendlichen erzählen, und das belegen auch die neuesten Jugendstudien zumindest in Österreich, dass ihre zentralen Werte Arbeit, ausreichender Verdienst, Familie, Beziehung und Freunde sind. Dies sind Voraussetzungen, um das Leben genießen zu können und um glücklich zu sein. Dazu kommt, dass Werte wie Zielstrebigkeit, Ehrlichkeit, freundlich miteinander umzugehen, Fleiß, natürlich auch Spaß haben, Verlässlichkeit, Vertrauenswürdigkeit eine entscheidende Rolle spielen. Zugleich wollen sie sich auch politisch engagieren. Jugendliche in der heutigen Generation haben viel mehr Interesse an einer politischen Meinung als noch früher. Jugendliche als Null-Bock Generation, die es auf nichts abgesehen haben, als auf billigen Spaß und Vor-sich-Hinleben, das erscheint ganz und gar nicht den Tatsachen zu entsprechen«, sagt Michael.

»Aber«, wirft nun Katja ein, »viele nehmen Drogen, lassen sich Piercings stechen, treiben sich in wahnsinnigen Subkulturen, wie ›Emos‹ herum, von der rechter Szene ganz abgesehen, und feiern Techno-Partys ohne Ende.«

»Wir sollten es nicht so eng sehen«, entgegnet Andrea. »In ihren Subgruppen, und seien sie manchmal noch so absonderlich, suchen die Jugendlichen eines, nämlich Sinn.« »Ja, sie suchen einen Platz, wo sie autonom sein können, wo sie sich verwirklichen können, wo sie ihr Ziel finden können«, mischt sich jetzt auch Simon, der junge Psychologe ein. »Nicht nur lassen. Wir sollten ihnen aufmerksam zuhören und uns dafür interessieren und sehen, welche Möglichkeiten und welche Kraft auch daraus entstehen kann«, meint Simon. »Ich hatte Gott sei Dank viele Möglichkeiten etwas auszuprobieren, also viele Puzzlesteine, wo ich Sinn finden konnte. Bei der Blasmusikkapelle, beim Spielen eines Instruments, beim Laufen, beim Englisch, aber auch beim Rauchen und Trinken. Gott sei Dank war die Möglichkeit da, vieles auszuprobieren. Gott sei Dank war aber auch jemand da, nämlich meine Eltern, die manchmal entschieden *nein* gesagt haben. Das war hin und wieder unangenehm und schmerzhaft, aber sicher sinnvoll«, lächelt Simon.

»Aber manche machen doch echt nur Blödsinn, die fangen sich so gut wie gar nicht mehr«, entgegnet Holger. »Du hast da wahrscheinlich Glück gehabt, bei meinen Kindern sehe ich das schon viel kritischer.«

»Es kommt ganz oft auch darauf an, welche Möglichkeiten geboten werden. Unsere Tagesstruktur, die wir am Institut für Kind, Jugend und Familie eingerichtet haben, ist ein gutes Beispiel dafür. Dort kommen nur Jugendliche hin, die keinen Schulabschluss haben, die keine Zukunft haben in einer Berufsausbildung, so sagt man zumindest, die schon extrem aufgefallen sind, und die alle Schönheitsmarkenzeichen unterschiedlicher Subkulturen an ihrem Körper herumtragen. So sehr sogar, dass man sich manchmal fast mit Schaudern abwenden möchte. In einer Therapiesitzung hörst du von ihnen oft nur rüde Worte. Wie zum Beispiel: ›Oida, geh' scheißen, fick dich doch selber, i brauch die Therapie net, mir geht's eh gut und ansonsten is mir alles wurscht und für di tua i sicha nix.‹ Genau die gleichen Jugendlichen«, fährt Michael fort, »sind mit dem strukturellen Alltag des Instituts wie ausgewechselt. Sie sind zum Beispiel eingeteilt, die meisten melden sich allerdings schon freiwillig, um Essen für die arbeitenden Therapeuten einzukaufen. Und es ist schier unglaublich«, so Michael weiter, »mit welch ausgesuchter Höflichkeit die drei dann bei deiner Türe anklopfen und fragen »Herr Doktor, was dürfen wir Ihnen heute zu essen bringen?« Und wenn du dann etwas Undeutliches sagst, kommt freundlich die Frage: »Könnten Sie uns das bitte genauer erklären, wir wollen Ihnen nämlich das Richtige bringen und nicht irgendwas.«

»Ja«, fährt Andrea fort, »und das ihnen anvertraute Geld benutzen sie, auftragsgemäß, für den Einkauf und rechnen verlässlich auf Heller und Pfennig ab. Bisher hat kein Jugendlicher versucht, Geld zu unterschlagen oder mit dem Geld abzuhauen.«

»Hier wird also echt sinnstiftend gearbeitet«, meint Claudia. »Zumindest klingt es so.«

»Schön, wie du das so sagst«, meint Andrea, »aber es ist

auch tatsächlich so. Der Sinn kommt, und das sagt auch die deutsche Psychotherapeutin Renate Frankl; wenn du dankbar bist, wenn du dich um andere kümmern kannst, und wenn du in der Lage bist, nachzusehen und zu verzeihen.« »Und ein offenes Ohr hast, dich interessierst und wertschätzt«, fügt Klaus hinzu. »Damit wären dann wohl auch unsere Aufgaben bei der Sinnstiftung skizziert«, meint Holger. »Es geht um Begleiten, Verstehen und Möglichkeiten schaffen.«

»Nicht nur«, stellt Michael klar. »Es gibt einen Teil unserer jungen Menschen, die wirklich abzugleiten drohen, die in einer Subkultur aus Drogen, Selbstverletzung, Aggression und Isolierung unterzugehen drohen.« »Und was ist dann zu machen?«, fragt Ralf. »Dann ist es unsere Aufgabe«, sagt Andrea, »uns zu wehren und den Jugendlichen ganz deutlich zu sagen, dass wir sie sehr gerne mögen, aber dass wir diese Verhaltensweisen nicht hinnehmen werden. Das ist dann unsere Pflicht als Eltern und wohl einer der wesentlichsten Beiträge in schwierigen Situationen zur Wiedererlangung eines positiven Sinns.«

»Manchmal gilt es einzugreifen. Mit offener Meinung und dem Vertrauen, dass sich die Jugendlichen trotz allem entwickeln werden«, fügt Michael hinzu.

»Die nachfolgenden Übungen fassen das am besten zusammen«, antwortet Andrea, »dabei gehen wir davon aus, dass du für die Entwicklung von Sinn im Leben Folgendes brauchst:

- ein Ziel, das aus dir kommt, eines das dich begeistert, eines das du aber auch klar, deutlich und konkret vor dir hast,
- die Bereitschaft, dich voll und ganz für dieses Ziel zu engagieren. Dabei nützen dem Jugendlichen am besten seine Stärken. Das geht nicht ohne Beziehungen und ohne Auseinandersetzungen.
- Ganz besonders hilfreich für das Finden von Sinn sind nach Renate Frankl Freundlichkeit, Dankbarkeit, die Möglichkeit zu vergeben und für andere da sein.«

Tipps für Eltern und Jugendliche

Für Eltern: So finden Sie den Sinn in Ihrem Leben und auch in der Erziehung:

1. Checken Sie gezielt Ihren Lebenssinn ab. Stellen Sie sich Fragen wie. »Welches Erbe wollen Sie hinterlassen? Wie sollen Sie Ihre Enkel und Urenkel in Erinnerung behalten. Wie würde Ihre beste Freundin den Sinn Ihres Lebens bezeichnen. Welche Verdienste würde Ihr Vorgesetzter hervorheben?«

2. Diskutieren Sie diese Fragen auch mit engen Bezugspersonen und Ihren Freunden.

3. Machen Sie ein Portfolio Ihrer Werte, Stärken und Leistungen, die Sie erbracht haben und führen Sie dies mit sich.

4. Wählen Sie sich ein Projekt, das etwas größer ist als Sie selbst und verfolgen es mit ganzer Kraft. Dieses kann ein kleines Projekt sein, wie etwa besser mit einem anderen Menschen auszukommen. Es kann ein größeres Projekt sein, zum Beispiel 10 Kilo abzunehmen. Es kann ein noch größeres Projekt sein, wie etwa eine karitative Initiative für eine Institution aufzubauen.

5. Entwickeln Sie dafür maßgeschneiderte Ziele, die zu Ihnen passen und die konkret, positiv und durchführbar sind.

6. Meditieren Sie täglich 20 Minuten. Eine allgemeine Anleitung dazu finden Sie auf der Homepage www.seligmaneurope.com.

7. Schreiben Sie sich Ihren persönlichen Nachruf.

So können Sie ihrem Teenager helfen, den Sinn im Leben zu finden:

1. Achten Sie sorgsam und beobachten Sie durchaus wohlwollend die Aktivitäten Ihres Teenagers. Begleiten Sie ihn wohlwollend bei der Auswahl der richtigen Aktivitäten. Lassen Sie ihrem Teenager seine Aktivitäten. Stellen Sie interessierte Fragen dazu und unterstützen Sie ihn, dass er diese Aktivität optimal sinnvoll ausnützen kann.

2. Suchen Sie regelmäßig das Gespräch mit Ihrem Teenager in einer entspannten Atmosphäre.

● Besprechen Sie mit ihm den Sinn im Leben und mögliche Sinnzusammenhänge.

● Erzählen Sie dabei auch von dem, was Sie als den Sinn im Leben angesehen haben. Drängen Sie Ihrem Teenager aber nichts auf.

● Philosophieren Sie mit ihm.

● Bringen Sie Ihrem Teenager das »Rad des Bewusstseins« nahe. Dies ist eine Meditationsmethode, bei der sie aus einer gesicherten Mitte ihre Gedanken zu ihren Gefühlen, zu ihren anderen Gedanken, zu ihren Beziehungen und zu ihrem Körper gleiten lassen. Machen Sie Ihrem Teenager Mut, sich mit Ihnen oder anderen darüber auszutauschen.

● Seien Sie klar. Sagen Sie klar, strikt und deutlich »Halt und Nein«, wenn Ihr Teenager »sinnstiftende« Aktionen unternehmen will, die seine Gesundheit oder sein psychisches Wohlergehen gefährden. Nutzen Sie dazu folgende Formel: Reaktion verzögern, Hilfe organisieren, klare Botschaft: Wir mögen dich, aber gegen diese Verhaltensweise werden wir uns wehren.

3. Ermutigen Sie Ihren Teenager, an Freundlichkeitsaktionen und Hilfsaktionen teilzunehmen, wie zum Beispiel an einer Charity-Sammlung für eine karitative Organisation oder einen Flohmarkt zugunsten krebskranker Kinder, dem Sternsingen oder ähnlichem.

4. Bemerken Sie wohlwollend, wie sich das Puzzle des Sinns langsam aber kontinuierlich zu einem harmonischen Ganzen zusammensetzt.

5. Lassen Sie ihm seine Ziele, sein Engagement, seien Sie aber zugleich wachsam und unterstützen Sie wohlwollend.

6. Besprechen Sie mit Ihrem Jugendlichen die sinnstiftenden psychologischen Interventionen wie Dankbarkeit, Verzeihen und Freundlichkeit.

Tipps für Teenager – So findest du einen Sinn im Leben:

1. Befreie dich aus der Grübelfalle. Man kann schon über etwas nachdenken was nicht gut gelaufen ist, aber was machst du, wenn du das nicht mehr stoppen kannst? Du kannst dir folgende Fragen stellen:

   ● Was war und was sind die Höhepunkte in deinem Leben? Suche dein Leben nach Höhepunkten ab, nach Dingen, wo du dich besonders gut gefühlt hast. Diese Höhepunkte sind meistens auch die Bereiche, wo das Leben am meisten Sinn macht.

   ● Frage dich unter Umständen auch: Was hat den Höhepunkt ausgemacht, wer war dabei, was hat dich besonders glücklich gemacht?

   ● Wer sind deine Helden, wer sind deine Idole? Such dir drei Personen im Leben, die du besonders bewunderst, bei denen du sagen würdest, du wärst gerne wie sie. Schreibe auf, was du an ihnen besonders schätzt und bewunderst. Frage dich dann, was für dich brauchbar ist, ob du denn diese Fähigkeiten nicht schon hast und wie du sie möglicherweise erreichen könntest.

2. Erkenne deine Fähigkeiten und Fertigkeiten, deine Stärken. Um einen Sinn im Leben zu finden, solltest du dich gut kennen. Untersuche, was deine Charaktereigenschaften, deine Stärken sind. Was loben Leute an dir, worin bist du besonders gut? Was ist das Ergebnis des VIA-Youth Fragebogens. Dinge, die wir gut können, machen wir auch gerne, und die können uns auch einen Lebenssinn geben.

3. Stelle dir folgende Fragen:
   - Was magst du? Welche Dinge magst du im Leben? Was macht dich zufrieden und glücklich? Was tust du gerne, worauf freust du dich?
   - Notiere es dir. Einen Sinn im Leben solltest du immer mit Dingen verknüpfen, die dir Freude bereiten.
   - Gibt es Charaktereigenschaften an dir, die du selbst nicht an dir magst, die aber andere mögen? Finde auch heraus, welche Dinge dir nicht so liegen. Bleib dann nicht bei diesen hängen. Meistens wollen Leute einen Sinn im Leben dadurch finden, dass sie Dinge ausmerzen oder verbessern, die ihnen nicht so gut liegen. Das gelingt meistens nicht.
   - Was möchtest du für deine Mitmenschen tun? Einen Sinn finden die meisten Menschen, indem sie nicht nur etwas für sich selbst tun, sondern auch für andere. Zu helfen gibt dem Leben einen Sinn. Es gibt unterschiedliche Möglichkeiten, wie man helfen kann.
   - Was gibt es, das du deiner Umwelt mitgeben kannst?
   - Worin siehst du den Sinn des Lebens für dich?

4. Pack ein Projekt an, das du gerne machst und das deinen Neigungen und Stärken entspricht und betreibe es mit ganzer Kraft.
5. Beteilige dich an Projekten in der Schule und in deiner Freizeit. Nutze die dir zur Verfügung stehenden Freizeitaktivitäten, aber nur jene, die dir gefallen.
6. Setze jeden Tag einen Akt der Freundlichkeit oder Dankbarkeit.
7. Übe dich im Verzeihen.
8. Suche das Gespräch mit Erwachsenen und Gleichaltrigen deines Vertrauens, mit denen du dich über den Sinn im Leben beraten kannst.

Viel Erfolg!

8. Kapitel

Jugendliches Aufblühen durch Erfolg und Gelingen

Wir haben schon einiges zusammen gesammelt, was jugendliches Aufblühen möglich macht. Die Notwendigkeit einer positiven Grundstimmung und von Engagement und Flow, die entscheidende Bedeutung gelingender Beziehungen und das Finden eines Sinnes im Leben. Eine Säule fehlt jedoch noch, die entscheidend mit am Aufblühen beteiligt ist. Erfolg und Gelingen, im englischen Accomplishment, damit wollen wir uns im folgenden Kapitel beschäftigen.

»Bei meinem Kevin ist das richtig eigenartig. Für was der alles Feuer und Flamme ist. Gitarre spielen, Snowboarden, Fußball, Rotes Kreuz, DJ-ing, Literaturzirkel«, berichtet Silvia im Elternkreis, »aber nichts macht er fertig. Und beklagt sich dann auch, dass er so wenig erfolgreich ist und dass die anderen ihn überflügeln. Es ist manchmal wirklich lästig.«

»Da geht es dir ja noch gut!«, antwortet Annette. » Meine Amelie will eigentlich gar nichts mehr. Die sitzt nur noch zurückgezogen in ihrem Zimmer und glotzt auf den Fernseher oder ist auf Facebook. Oder lässt sich von irgendeiner stupiden Musik berieseln. Dabei war sie einmal so aufgeweckt. Aber seit des Misserfolgs in der Schule im letzten Jahr und seitdem Peter, der Freund, sich verabschiedet hat, ist es ganz arg. Ich mache mir dauernd Vorwürfe, irgendetwas falsch gemacht zu haben.«

»Da stoßen wir auf ein heikles, herausforderndes Kapitel«, sagt Iris, die Psychologin, die diesmal gemeinsam mit Michael die Elternrunde leitet. »Wir kommen nicht darum herum. Erfolge und das Erreichen seiner selbst gesteckten Ziele bestimmen entscheidend darüber mit, wie wohl wir uns in unserem Leben fühlen, behauptet jedenfalls Martin Seligman. Für ihn ist Accomplishment, auf Deutsch Erfolg, Gelingen und Zielerreichung, das fünfte Element eines gelingenden Lebens, die fünfte Säule, die zu Aufblühen und Wohlbefinden führt. Menschen leben dafür, Erfolg zu haben und zu gewinnen, so Martin Seligman. Auch ein bestimmter Typ von Bridge-Spielern tue das zum Beispiel. Er spiele nur, um zu gewinnen. Manche amerikanischen Milliardäre hätten ihre Milliarden nur um des Gewinns und des Aufhäufens von Reichtum wegen gesammelt. So sei dies bei John D. Rockefeller und Andrew Carnegie gewesen. Erst in der zweiten Hälfte ihres Lebens hätten sie entdeckt, dass noch etwas fehlt, nämlich das Soziale. Und die zweite Hälfte ihres Lebens hätten sie damit verbracht, Medizin und Soziales über ihre Fonds großzügig zu fördern. Und es gebe auch manche Sammler, die nur dafür lebten, alles zu haben. Das ist Motivation ihres Tuns.«

»Das ist zunächst das Streben nach optimaler Kompetenz. Der Mensch will sich vervollkommnen, will gerüstet sein, um die Herausforderungen der Umwelt zu bewältigen. Daher hat er ein natürliches Bedürfnis, sich Wissen und Kenntnisse anzueignen«, sagt Iris. Daneben gibt es das grundsätzliche Bedürfnis nach Unabhängigkeit und Autonomie. Der Mensch will Herr oder Frau über sich selbst sein, will bestimmen, was er tun und lassen kann. Wir alle haben die Erfahrung, dass wir gestalten können und dass manches, was wir gestalten, auch gelingt. Und es gibt nun in der Selbstbestimmungstheorie noch ein drittes Grundbedürfnis des Menschen, nämlich in sozialer Beziehung zu leben, also in einen sozialen Kontext eingebettet zu sein«, ergänzt Iris.

»Von der Gemeinschaft ausgegrenzt zu sein, hat ja früher den sicheren Tod bedeutet. Und was ich so über Einsamkeitsstudien weiß, ist die Einsamkeit für Menschen alles andere als glücksfördernd. Selbstbestimmt und erfolgreich ist der Mensch also dann, wenn er die Befriedigung dieser drei Grundbedürfnisse erreicht. Ich wiederhole sie noch einmal – Kompetenz, Autonomie und soziale Einbettung«, erklärt Iris weiter.

»Eines können wir hier noch hinzufügen«, ergänzt Michael. »Der Mensch will ganz offensichtlich sein Potential für ein gelingendes Leben entfalten. Das Leben soll ihm gelingen, er will sich entdecken und verwirklichen, und das ist die zweite Schiene, so der angesehene deutsche Neurobiologe Gerald Hüther. Das ist dem Menschen von klein auf grundsätzlich wichtig. Betrachten Sie doch, mit welcher Begeisterung ein kleines Kind hantiert, begreift, betatscht, sich Dinge in den Mund steckt, wie viel es dabei entdeckt und wie viel es lernt. Wie viel Neues es gibt, wenn man ein paar Tage das Kind nicht gesehen hat. Gerald Hüther bringt hier noch einen ganz wichtigen Gedanken ein, nämlich den, wann wir anfangen nach Erfolg zu streben und unsere Ziele erreichen. Das tun wir nämlich dann, wenn uns etwas wichtig ist. Dann beginnen wir zu arbeiten, zu entdecken, dann gehen wir auf ein Ziel zu. Und wenn uns etwas gelingt, sind wir davon begeistert. Unsere erfolgreiche Aktivität, so Gerald Hüther, beflügelt uns weiter. Begeisterung ist so der Dünger für das Gehirn.

Martin Seligman hat in seinem Buch ›Flourishing – wie Menschen aufblühen‹ eine ziemlich nüchterne Formel dargestellt, die auch für unsere Teenagerdiskussion hier ganz nützlich sein kann. Für ihn ist außergewöhnliche Leistung, so definiert er Erfolg und Zielerreichung, einfach in folgender Formel zusammengepackt: *Erfolg = Talent x Anstrengung*. Um Erfolg zu haben, also um ein Ziel zu erreichen, braucht es zuallererst natürlich ein gewisses Talent und gewisse Fähigkeiten. Diese Talente und Fähigkeiten sind jedem Menschen bis zu einem gewissen Grad mitgegeben, aber was noch entscheidender ist, und was auch in vielen Untersuchungen belegt wurde, sie werden durch Übung erworben. Wahre Meisterleistungen an einem Instrument oder in einem Sport beispielsweise sind nach dem Universitätsprofessor Erik Erikson viel weniger Ausdruck eines gottgegebenen Talents, als vielmehr der Ausdruck von konsequenter, lang andauernder Übung. Weltklasse Klaviersolisten haben im Alter von 20 bereits über 10 000 Stunden Soloübung hinter sich. Durchschnittliche Pianisten 5000, ein guter Amateurpianist maximal 2000. Willst du auf einem Gebiet zu großem Können kommen und ganz vorne sein, dann beschäftige dich 10 Jahre 60 Stunden pro Woche damit, und du wirst sehen, welche enormen Fortschritte du machst.«

»Ja, das bemerke ich bei meinem Job als Mediziner«, bestätigt Holger. »In meiner Tätigkeit als Kinderarzt bin ich wirklich Weltklasse. Da sitzt jeder Handgriff, da kann ich unheimlich schnell die Situation erfassen, das ist einfach unglaublich. Und mir bleibt viel Zeit, die schwierigen Entscheidungen zu treffen und langsam und präzise abzuwägen.«

Hier setzt Iris weiter an: »Der Weg zum Erfolg und zur guten Zielerreichung setzt voraus, dass man automatisierte Fertigkeiten hat. Je mehr automatisierte Fertigkeiten, oder je mehr Wissen man hat, desto schneller kann man sich orientieren.«

»Sei es bei einer Mathematik-Schularbeit, einem Englischtest, meinst du auch das?«, fällt Annette ins Wort. »Ja genau! Und desto mehr Zeit hast du dann, die wirklichen Herausforderungen in aller Ruhe zu planen.« »Das heißt also«, so Holger, »Geschwindigkeit auf der einen Seite und Langsamkeit auf der anderen Seite, nämlich sich die Zeit zu nehmen, wenn man etwas erfasst hat, langsam Schritt für Schritt zu planen. Unsere Plansysteme einzusetzen, die wir offensichtlich im Vorderhirn haben, wie ihr das beschrieben habt, das scheint ein Schlüssel zum Erfolg zu sein?«

»Genau«, meint Iris, »das gilt es bei Zielerreichung und Erfolg auch unseren Teenagern zu vermitteln, oder anders gesagt, sie es selbst entdecken zu lassen. Auf der einen Seite musst du dich mit einer Aufgabe beschäftigen, beschäftigen, beschäftigen, und auf der anderen Seite musst du dir dann Zeit lassen, um sorgfältig die richtigen Schritte für die Zielerreichung zu planen.« »Das stelle ich mir gar nicht so leicht vor bei unseren impulsiven Teenagern, die wollen ja alles gleich sofort und auf der Stelle haben. Bedürfnisaufschub gibt es ja gar nicht«, sagt Fred. »Ja, und gerade hier sind wir gefragt«, wirft Michael ein. »Das heißt also«, ergänzt Silvia, »üben, üben, üben, damit man Zeit hat nachzudenken. Das sind mal zwei Schritte, um zur Zielerreichung und zum Erfolg zu kommen. Was gibt es noch?«

»Der entscheidende Punkt der Formel, bei dem man am besten ansetzen kann, auch in der Unterstützung unserer Teenager, ist der Faktor Anstrengung. Martin Seligman definiert Anstrengung als die Zeit, die man intensiv in die Erfüllung und Bearbeitung einer Aufgabe investiert. Intensive Anstrengung potenziert unsere Fähigkeiten, oft bis auf das 25-Fache. Was daraus für ein Potential für Erfolg und Zielerreichung entsteht, brauche ich wohl nicht weiter auszuführen«, meint Iris.

»Wie strengt sich jemand an, der sich nicht anstrengen will? Wie meine Amelie.«

Michael antwortet ihr: »Angela Duckworth von der PENN University hat dies sehr gut untersucht und ist in vielen kleinen Forschungsstudien zu dem doch fast überraschenden Schluss gekommen, dass Erfolg und Zielerreichung vor allem von den Tugenden der Selbstdisziplin und Entschlossenheit abhängen und weniger durch Intelligenz vorhersagbar sind. Wenngleich die Intelligenz natürlich immer eine Rolle spielt.«

»Aber wenn jemand möglicherweise weniger intelligent ist«, meint Annette, »muss er einfach ein bisschen mehr üben.« »Exakt, so einfach ist das«, antwortet Michael. »Entschlossenheit, und Selbstdisziplin ist förder- und erlernbar.« »Erfolg zu haben, Ziele zu erreichen ist nicht immer ein Honigschlecken. Das ist durchaus harte Arbeit. Daran können und wollen wir gar nicht vorbei gehen«, sagt Iris. »Und das müssen wohl auch unsere Jugendlichen lernen«, ergänzt Silvia noch. »Und hier sollte auch gleich hinzugefügt werden, dass unsere Kinder und Jugendlichen ja gerade in der Pubertät, wo alles im Umbau ist, oft unheimlich enthusiastisch und auch unglaublich begeistert sind. Und wir ihnen durchaus viel zumuten können, auf dem Weg zum Erfolg.«

»Ja, viele wachsen geradezu an den Niederlagen«, bemerkt Silvia, »wenn Meinem etwas nicht gelingt, dann kann er sich unheimlich darin verbeißen, bis ihm die Lösung einfällt. Manche wachsen so richtiggehend an Niederlagen. Auch an schweren Schicksalsschlägen, wie zum Beispiel am Tod einer Schwester, Tod eines Angehörigen, Trennung der Eltern.«

»Ich hatte da gerade einen 13½-Jährigen«, erzählt Iris, »dessen Eltern Rechtsanwälte sind. Der hat die Trennung als Anlass genommen, um nach einer gewissen Zeit der Traurigkeit für sich zu entscheiden: ›Ich bleibe an diesem Ort‹ und ließ sich von den Eltern, die ihn da und dort haben wollten, nichts mehr hinein reden. ›Ich bleibe hier, weil hier meine Schule ist, und hier gehe ich meinen Weg.‹« »Wie nennt man das?«, fragt Holger nach, »das hat ja einen Fachausdruck.« »Ja, posttraumatisches Wachstum. Nämlich die Fähigkeit, dass man aus schweren Ereignissen oder Krisen auch gestärkt hervorgehen kann, und noch viel mehr«, so Michael, »dass man das auch lernen kann.« »Demnach«, so Fred wieder skeptisch, »ist die traumatische Belastung, ein schwerer Schicksalsschlag, also so richtig Entwicklung fördernd, oder?«

»Nein, so kann man das nicht sehen«, antwortet Iris. »Wir wünschen nicht jedem Jugendlichen einen schweren Schicksalsschlag, damit er sich gut entwickeln kann, und Sie wahrscheinlich auch nicht. Aber eines ist schon eigenartig. Wenn wir Menschen aufgrund ihrer traumatischen Erlebnisse, sei es durch Mobbing, durch Misshandlung, durch ein Gewalttrauma oder durch Kriegserlebnisse darauf festlegen, dass sie psychisch gestört und nicht voll in der Gesellschaft einsetzbar sind, dann blockieren wir diese Leute in ihrer Entwicklung, nehmen ihnen die Chance zu neuerlichem Aufblühen. Hier geht posttraumatisches Wachstum in eine ganz andere Richtung.«

»Andererseits«, so ergänzt Michael, »kann die Begeisterung, die an sich in Kindern und Jugendlichen steckt, auch nachhaltig beeinträchtigt, gebremst und zerstört werden.« »Wodurch?«, fragt Holger. »Na es gibt drei todsichere Mittel«, antwortet Iris. »Erstens, Abwertung und Geringschätzung: ›So wie du watschelst, wird aus dir nie ein guter Fußballer werden. Deine Bewegungen sind viel zu plump, als dass du es im Ballett zu etwas bringen kannst‹, kann einer Mutter oft unvermittelt in der ersten Enttäuschung herausrutschen.« »Ja«, seufzt Annette, »die vielen kleinen Abwertungen des Alltags. Was hab ich zu ihr schon gesagt? Wie ungeschickt sie ist, wenn sie mir beim Kochen die Sahne umschüttet und alles durcheinander bringt.« »Jetzt kocht sie nicht mehr«, vermutet Holger. »Ja genau, aber sie tut auch sonst nichts mehr, wie ich schon eingangs gesagt habe. Das habe ich offensichtlich gut gemacht.«

»Brauchst dein Licht jetzt nicht so unter einen Scheffel stellen«, setzt Iris weiter fort, »ich erzähle mal die zweite todsichere Variante. Wir beschneiden die Autonomie und die Freiheit unserer Kinder.«

»Das ist der Erfolgs- und Zielerreichungskiller schlechthin«, meldet sich Simon zu Wort und berichtet von Gesprächen mit Herbert, einem seiner Klienten: »Der erzählte mir: ›Meine Eltern haben alles vorgedacht. Von der Volksschule, die ich besuchen muss, vom Musikinstrument, das ich spielen muss, von der Art der höheren Schule, vom Sport.‹ – Herbert erzählte auch, dass das, was die Alten sagten, ihm immer mehr egal geworden sei, Schulleistung oder so etwas. Er habe sich stattdessen in anderen außerordentlichen Leistungen erprobt.« »Welche denn?«, fragt Annette neugierig. »Ja, dem Abfackeln eines Holzstalls gemeinsam mit Freunden, dem Zertrümmern von Laternen, dem Pflücken von Mercedes-Sternen, dem exzessiven Leistungstrinken, dem Ausprobieren von Marihuana«, so berichtet Simon. »Und dann geht es wohl ab?«, fügt Holger hinzu. »Dann sind wir Eltern böse, und die Beziehung leidet darunter. Wir wollen mit diesem missratenen Kerl nichts mehr zu tun haben. Und wenn es blöd hergeht, fällt er aus dem sicheren sozialen Rahmen der Familie und wendet sich woanders hin – in eine Peergruppe, die der Gewalt nachhängt oder Drogen nimmt oder extreme Ideologien verherrlicht und dergleichen.«

»›Falsche Vorbilder‹ nennt dies Gerald Hüther«, ergänzt Michael. »Wenn wir als Eltern und Bezugspersonen genug frustrieren und Begeisterung zerstören, haben diese falschen Vorbilder und falschen Bezugspersonen und -situationen freie Bahn.« »So können sich moderne Rattenfänger gut entfalten«, meint Klaus. »Je mehr Zwietracht und Unfrieden wir säen, desto besser können diese punkten mit ihren unsinnigen Spielangeboten und Verherrlichungen auf Facebook etwa. Wir zerstören die ursprüngliche Begeisterung, aber Erfolg ist für unsere Teenager noch immer möglich. Sie sind dann von etwas anderem begeistert, etwas, das uns gar nicht gefällt.« »Und oft sehr schwer davon abzubringen«, meint Annette. »Wir versuchen es daraufhin oft mit der sogenannten Eselstreiberei. Wir sagen zu unserem Teenager, zu unserem Kind, wenn du jetzt das machst, zum Beispiel die Aufgabe brav erledigst, dann wird dein Fernsehverbot aufgehoben und/oder du bekommst eine tolle Belohnung.«

»Das ist aber ein mühsames Geschäft«, klagt Klaus, »die Jugendlichen lernen dabei ja nur, wie man sich immer mehr Belohnung herausschlagen kann und wie man Bestrafung gut vermeiden kann. Aber das, um was es wirklich geht, das Aneignen grundlegenden Wissens und solider Fertigkeiten bleibt auf der Strecke.«

»Darauf wird es wohl keine eindeutige und klare Antwort geben – zu verschieden sind die Sachverhalte. Aber einige Dinge sind wohl klar«, sagt Simon. »Es geht durchaus in vielen

Kämpfen um das Aufrechterhalten einer vertrauensvollen Beziehung, um viele Angebote, seine Kompetenzen ausprobieren zu können, um die Freiheit, einen eingeschlagenen Weg auch zu vervollkommnen, aber auch um die Beharrlichkeit der Eltern. Es geht um das Reden und das dauernde Begegnen, um das ›nicht auslassen‹. Und letztendlich«, fügt Simon noch einmal hinzu, »auch um das Vorbild der Eltern.

»Stimmt, wenn ich faul vor dem Fernseher liege, dann verbiegt es mir das Hirn und ich brauche mich nicht zu wundern, dass meine Tochter ein Fernseh-Gehirn bekommt«, philosophiert Annette.

»Aber«, so Simon, »wir haben auch die andere Möglichkeit, um unseren Jugendlichen und Kindern zu helfen, ihre Ziele zu erreichen und Erfolge zu haben. Nämlich da sein, interessiert sein, gewährend und zugleich beharrlich und entschlossen.«

Tipps für Eltern und Jugendliche:

Übungen für Eltern: So sind Sie erfolgreich, so erreichen Sie Ihre Ziele, so entfalten Sie Ihr Potential:

1. Suchen Sie sich in aller Ruhe Ihr Thema, Ihr Gebiet, auf dem Sie Erfolg haben wollen. Sei es bei einem neuen Sport, sei es in der Erziehung, sei es in Ihrem Beruf. Besprechen Sie dieses Thema möglicherweise auch mit »Fremdgehirnen«, das sind gute Freunde und Bekannte, was die dazu sagen.
2. Entscheiden Sie sich nach einer Phase des Nachdenkens für dieses Thema. Warten Sie nicht zu lange. Es ist später wieder revidierbar.
3. Wählen Sie nun Ihr Ziel aus, das Sie erreichen wollen. Etwa die Beherrschung eines Instruments, einen neuen Leitungsposten, eine Umstellung im Erziehungsstil

---

beispielsweise. Wählen Sie gut aus und horchen Sie in sich selbst hinein – sie haben sogenannte somatische Marker, ein körpereigenes Rückmeldesystem, ob Ihnen etwas gut tut oder nicht. Ignorieren Sie dieses Gefühl nicht. Ein Ziel, bei dem Sie dauernd negative Signale bekommen, sollten Sie besser nicht wählen. Achten Sie darauf, dass die Ziele von innen heraus positiv bewertet werden, zu Ihnen passen und authentisch sind.

4. Suchen Sie sich ein Motto für Ihr Ziel. Ein Motto ist so etwas ähnliches, wie die gefühlsmäßige Begleitmusik zu Ihrem wohlgeformten, präzisen Ziel. Das können Sie anhand von schönen Bildern tun. Die professionelle Variante davon ist die Züricher-Ressourcen-Modell-Kartei von Maja Storch (www.majastorch.de). Suchen Sie sich ein Bild aus, das zu Ihnen passt und ein Bild, das zu Ihrem Ziel passt. Es kann auch das gleiche Bild sein.

5. Zeigen Sie diese Bilder anderen Menschen und notieren Sie sich Ihre Antworten. Aus den Antworten, die sehr gut zu Ihnen passen, machen Sie ein Motto mit zwei oder drei Worten. Zum Beispiel: »Lachend hüpfe ich wie ein Tiger.«

6. Machen Sie nun Ihre Ressourcen ausfindig, das heißt Ihr Wissen, Ihre Fähigkeiten und Fertigkeiten, die Sie schon können, bzw. identifizieren Sie, was Sie jetzt üben und sich aneignen müssen. Auch diese Ressourcen und Fertigkeiten sollten wieder zu Ihnen und Ihren Stärken passen.

7. Gehen Sie dann voll in der Zielerreichung auf. Erfolg ergibt sich dadurch, dass Sie sich voll und intensiv damit beschäftigen. Achten Sie zugleich darauf, ob Sie nicht irgendwo über das Ziel hinausschießen. Das merken Sie sofort, indem sich Ihre negativen somatischen Marker unmissverständlich zu Wort melden.

8. Achten Sie nun darauf, dass Sie in kleinen Schritten auf das Ziel zugehen. Beobachten Sie die kleinen Schritte und

auch diese kleinen Erfolge – teilen Sie diese mit anderen. Verwenden Sie, um Ihr Ziel zu erreichen und um Klippen zu überwinden, auch innere Sätze wie, »Meine Entscheidung steht fest, ich handle danach. Ich genieße es jeden Tag mehr, erfolgreich zu sein. Den Mutigen gehört die Welt. Meine Rückschläge machen mich nur noch stärker.«

9. Seien Sie auch durchaus bereit, Ihr Ziel zu ändern, wenn es sich als notwendig erweisen sollte und handeln Sie. Und geben Sie sich die nötige Zeit. Wenn es Ihnen hilft, machen Sie sich einen Plan, so wie er für Sie passt. Lassen Sie sich durch äußere Umstände nicht irritieren, berücksichtigen Sie sie. Das stärkt letztendlich Ihre beiden Haupttugenden, die Sie für Erfolg und Zielerreichung brauchen: Entschlossenheit und Selbstdisziplin. Und kombinieren Sie diese mit Ihren anderen Tugenden, möglicherweise Humor oder soziale Kompetenz.

So helfen Sie Ihrem Teenager, seine Ziele zu erreichen und erfolgreich zu sein:

1. Bleiben Sie informiert und im Gespräch über die Aktivitäten Ihres Teenagers. Haben Sie ein interessiertes und zugleich wachsames Auge. Das Wichtigste: Bleiben Sie im positiven Gespräch. Finden Sie einen fixen Zeitpunkt dafür.

2. Gehen Sie nach der von Gerald Hüther vorgeschlagenen Abfolge vor: einladend, ermutigend, inspirierend.
   - Bieten Sie Herausforderungen, Aufgaben, Möglichkeiten, die gelöst werden müssen und erfolgreich bewältigt werden können.
   - Bemerken Sie kleine positive Veränderungen, so ermutigen Sie.
   - Bemerken Sie kleine eigene Wege und zeigen Sie die

gelungenen Dinge auf, so ermutigen Sie weiter und inspirieren Ihren Teenager möglicherweise, hier weiter zu gehen. So entsteht dann Begeisterung für etwas, wofür es am Anfang keine Begeisterung gab.

3. Bei Aufgaben, die gelöst werden müssen, seien Sie beharrlich und entschlossen, aber nicht nötigend, erpresserisch und fordernd. Fokussieren Sie auf das Handeln, anstatt auf das Reden und Verhandeln.

4. Verzichten Sie darauf, Ihrem Jugendlichen den Erfolg eintrichtern zu wollen. Bringen Sie ihn von einer passiven Konsumhaltung zu einer interessierten aktiven Haltung. Achten Sie darauf, dass Sie dies nicht erzwingen können. Dies ist ein Prozess, in dem Beziehung eine große Rolle spielt.

5. Verwenden Sie die Technik der ›Shared Attention‹. Betrachten Sie gemeinsam eine Aufgabe. Schaffen Sie durch gemeinsames Handeln Möglichkeiten, sich auszuprobieren.

Folgendes schlägt zum Beispiel Gerald Hüther vor, um die Begeisterungsfähigkeit von Kindern zu fördern: das Erzählen von Märchen, die gut ausgehen, das Mitteilen von Geschichten, das gemeinsame Singen, bei dem man seine Fertigkeiten ausprobieren kann.

Hier finden sich Kompetenz, Autonomie und soziale Eingebundenheit in guter Weise.

6. Schaffen Sie solche Äquivalente für Ihren Teenager, etwa beim gemeinsamen Tennisspiel oder bei der Begleitung auf dem Fußballplatz. Seien Sie hier aber kein Besserwisser.

7. Regen Sie Ihren Teenager dazu an, kleine Erfolge zu sehen, indem Sie ihn immer ermutigen, die Dinge zu betrachten oder den Fortschritt aufzuschreiben oder den Prozess zu reflektieren.

8. Erklären Sie ihm die Technik der kleinen Schritte, dass man ein großes Ziel, etwa das Schaffen einer Latein-Nachprüfung oder das Bestehen einer Aufnahmeprüfung, am besten erreicht durch kleine Junks, kleine Stücke, jeden Tag ein bisschen lernen. Seien Sie manchmal durchaus beharrlich und entschlossen, einen klaren Rahmen abzustecken. Manche Jugendliche fragen nach ihm und lehnen ihn ab, um freudig zur Kenntnis zu nehmen, dass es ihn doch gibt. Dies ist wieder soziale Bindung.

So bist du erfolgreich und erreichst deine Ziele, einige Anregungen:

1. Entdecke was du wirklich willst und was wirklich zu dir passt. Nimm dir Zeit dafür und schreib deine Träume und Ideen in ein kleines Erfolgsbuch. Sprich mit anderen über deine Ideen, Träume und über die Bereiche, in denen du Erfolg haben willst. Sprich auch mit Eltern, Freunden und sonstigen Personen, die dir wichtig sind. Höre dir ihre Meinung an.

2. Denke darüber nach, was du erreichen willst, jedoch nicht zu lange. Formuliere dann dein Ziel. Zum Beispiel beim Volleyball weiter kommen, sehr gut in Mathematik werden, ruhig bleiben und Beherrschung haben usw.

3. Finde ein entsprechendes Symbol oder Bild für dein Ziel. Mach daraus ein persönliches Motto, lass dir von Freunden/Bekannten helfen, damit das Motto ideal auf dich abgestimmt ist. Bau dir dein persönliches Logo für dein persönliches Ziel. Suche dir immer jemanden, der dir dabei helfen kann. Sehr günstig sind Freunde deiner Familie, sogenannte Mentoren. Bitte sie um Hilfe. Es kann auch dein Trainer vom Sportverein sein, oder dein

Übungsleiter von der Jugendgruppe. Vergiss beim Unterstützungsplan nie deine Eltern. Informiere sie zumindest.

4. Finde heraus, welche Ressourcen du brauchst, um dein Ziel gut erreichen zu können. Welche Teilbereiche musst du üben, wo und wie oft musst du trainieren gehen, wieviel Zeit musst du dafür investieren, an was musst du glauben, welche Visionen helfen dir?

5. Vertiefe dich dann in dein Ziel.

6. Übe, übe, übe. Nicht das Talent macht den Meister, sondern die Anzahl der Übungen. Ein Meister seines Faches hat mindestens 20 000 Wiederholungen und Übungsdurchgänge durchgeführt. Bleib dran, sei entschlossen. Mach dir Sprüche für deine persönliche Entschlossenheit: »Ich gebe nicht auf«, »Diese Anstrengung lohnt sich«, »Ich kann es schaffen, wenn ich will«, »Mein Ziel ist bereits in greifbarer Nähe.«

7. Lass dich nicht von Misserfolgen und Rückschlägen erschüttern. Nutze sie für einen neuen Anfang und für neue Möglichkeiten, um einen Erfolg zu sehen. Bemerke die kleinen Ziele, teile dein Ziel in Zwischenetappen ein. Sprich mit anderen, dokumentiere deine Fertigkeiten und Ziele, fotografiere, nimm deinen Fortschritt auf oder mach davon ein Portfolio und genieße es.
Opfere was für den Erfolg, stell was zurück. Wer etwas opfern und zurückstellen kann, kommt schneller an sein Ziel. Mache dir die Mühe und schaue in dich, möglicherweise mit der Technik »Rad des Bewusstseins«, die du bei Daniel Siegel finden kannst (www.drdanielsiegel.com) um herauszufinden, was dich inspiriert.

8. Nutze deine große Begeisterung für etwas, um dafür in anderen Bereichen vorsichtig zu sein. Sei dir bewusst, dass es normal ist, manchmal himmelhoch jauchzend

und dann wieder zu Tode betrübt zu sein. Bei dir ist alles im Umbruch, gehe nett mit dir und deinen inneren Anteilen um. Sei nicht wütend auf sie, sondern nimm sie zur Kenntnis.

9. Mach dir deine ganz persönlichen Entspannungsmarker und Chill-down Rituale, wenn du merkst, dass du aufgeregt bist. Das können ganz einfache Dinge sein, zum Beispiel den Raum verlassen, 10 mal aus- und einatmen, das rechte Nasenloch für 5 Sekunden zuhalten.

10. Teile Erfolge mit und sei dankbar.

11. Mach es auf deine Art.

12. Sei aktiv, probiere viele Dinge aus. Warte nicht, bis das Ziel auf dich zukommt, denn das tut es üblicherweise nicht. Nimm die Dinge in die Hand, anstatt dich berieseln zu lassen. Wenn es gar nicht geht, bewege dich, mach etwas anders.

13. Wenn du etwas machen musst, was sein muss, wie das Antreten zu einer schwierigen Prüfung, eine Hausarbeit schreiben, einen Trainingsplan absolvieren, mach es auf deine Art, aber mach es. Lass dir nicht reinreden, deine Art ist die beste. Sei zugleich aber auch offen, andere um Hilfe zu bitten. Einer der Schlüssel zum Erfolg ist die Fähigkeit, andere im richtigen Augenblick um Hilfe und Unterstützung zu bitten. Erledige Dinge, die du machen willst, lieber gleich als später. Schiebe sie nicht auf.

Viel Erfolg und Spaß beim Ausprobieren!

9. Kapitel
Wenn es schwierig ist

»Dämonisieren Sie Ihr Kind nicht« (Richard Lerner, 2007)

Pubertät und Adoleszenz sind zweifellos aufregende Zeiten. Die Emotionen unserer Teenager gehen hoch, die Suche nach dem Kick ist unausweichlich. Regulierende, planende Zentren, die Emotionen ordnen können, sind noch nicht ganz ausgereift, ebenso wenig wie die Fähigkeit, sich gut in andere einzufühlen und moralisch adäquat handeln zu können.

Positive Interventionen nach dem PERMA-Modell von Seligman haben wir als hervorragende Möglichkeiten kennengelernt, hier unsere Heranwachsenden zu unterstützen und ihre positive Entwicklung zu ermöglichen. Und wie gesagt, 80–85 Prozent unserer heranwachsenden Jungen und Mädchen schaffen das durchaus – mit größeren oder kleineren Problem. Aber da gibt es noch immer die 15–20 Prozent unserer Jugendlichen, von denen behauptet wird, dass sie richtige Probleme hätten. Wie können wir hier den Ansatz der Positiven Psychologie nutzen?

Davon handelt das Schlusskapitel. Es bietet Ihnen einen Leitfaden für den Umgang mit schwierigen und hoch schwierigen Problemen. »Es gibt Probleme beim Heranwachsen Jugendlicher, die sind einfach normal«, beginnt Gloria, die heute mit Herwig die Runde und die Diskussion leitet. »Niemand ist unfehlbar, weder Kinder noch Eltern. Probleme sind oft das Salz in der Suppe. Wenn es keine Konflikte und Probleme mehr gäbe, dann würden wir wahrscheinlich auf der Stelle treten. Gewisse Probleme dürfen wir uns in der Pubertät einfach erwarten, die gehören fast zum Programm.«

Herwig und Gloria schlagen nun vor, problematische Verhaltensweisen zu sammeln, die jenseits der roten Linie oder der kritischen Grenze sind. Es kommt eine ganz schöne Liste zusammen:

- Ständig die Schule zu schwänzen
- Regelmäßig von zu Hause weglaufen und Tage lang nicht zurück kommen
- Quälen von Tieren
- Betrunken in der Schule erscheinen und mit der Rumflasche prahlen
- Hassliteratur und rassistische Literatur in der Schule verteilen
- Drogen- und Alkoholmissbrauch
- Regelmäßiges, unkontrolliertes Risikoverhalten wie ungeschützter Sex
- Betrunken Fahren
- Kriminelle Aktivitäten wie stehlen und einbrechen
- Drogen verkaufen
- Sich prostituieren
- Schwere Angst- und Depressionsstörungen
- Essstörungen
- Suizidversuche,
- Gewalt etwa gegen Gleichaltrige, Eltern, Schulgegenstände
- Mitgliedschaft in einer Bande oder in einem obskuren Kult

»Das was wir hier aufgelistet haben, gleicht in weiten Teilen Richard Lerners Liste nicht akzeptabler Verhaltensweisen von Teenagern«, kommentiert Herwig. »Richard Lerner nennt sie auch grenzüberschreitende Verhaltensweisen.« »Dass ein Verhalten ein Problem wird«, so Gloria, »ist immer das Ergebnis eines kommunikativen Prozesses, des Prozesses, wie wir miteinander umgehen. Wir Eltern mit unseren heranwachsenden Kindern, unsere heranwachsenden Kinder mit uns. Grundsätzlich dürfen wir davon ausgehen, dass alles Verhalten unserer Kinder darauf ausgerichtet ist, dass sie ihre psychologischen Grundbedürfnisse erfüllen.«

Diese psychologischen Grundbedürfnisse haben wir bei der letzten Elternrunde kennengelernt. Es handelt sich um das Bedürfnis, sozial eingebettet zu sein, das Bedürfnis nach Autonomie, das in der Pubertät natürlich besonders groß ist, und das Bedürfnis nach Kompetenz. Jugendliche suchen oft nach ausgefallenen Möglichkeiten, sich diese Bedürfnisse zu erfüllen.«

»Ja, in der Tat«, meint Hermann, »nächtelang am Computer sitzen, ritzen und so, oder?«

»Ein Faktum ist«, fährt Gloria weiter fort, »dass viele der Lösungen, die Jugendliche scheinbar für ihr Problem finden, wie etwa Sucht, Delinquenz oder Gewalt von der Gesellschaft und von uns Erwachsenen nicht akzeptiert werden.« »Wohl zu Recht«, stimmt Maria zu. »Durchaus, aber es gilt eines zu beachten. Was akzeptiert ist und was nicht, das beurteilen wir, die verantwortlichen Eltern und Erwachsenen aufgrund unseres Normverständnisses. Das klingt etwas kompliziert, aber meint einfach das, was wir für gut und richtig halten und das, was in Ordnung ist und was nicht. So etikettieren wir das Verhalten unserer Jugendlichen. Dann passiert ganz oft ein eigenartiger Prozess«, antwortet Herwig. »Wir beginnen uns nämlich den Jugendlichen gegenüber so zu verhalten, dass der gar nicht mehr anders kann, als auffällig zu werden. Sich selbst erfüllende Prophezeiung nennt man das. Schüchternen und Ängstlichen gegenüber werden wir übervorsichtig sein, gewalttätigen und unhöflichen Jugendlichen gegenüber reagieren wir oft selbst sehr kurz angebunden und unhöflich.« »So beginnt sich wohl der Teufelskreis zu drehen«, meint dann Jacqueline.

»Ja, und so werden oft aus kleinen Problemen große Probleme, und ehe man sich versieht, ist ein Riesenproblem da«, bringt es Herwig auf den Punkt. »Wir finden das auch in den besten Familien, gerade in der Pubertät und beim Heranwachsen. Wenn etwas länger in der Kommunikation schief läuft, sind plötzlich unüberwindbare Brücken da, und keiner hätte jemals gedacht, dass es zu sowas kommt. Die Hoffnung ist, wenn die Kommunikation wieder normaler wird, wird es auch wieder schnell besser.«

»Na gut, aber ab wann ist denn jetzt etwas ein Problem und wann nicht?«, hakt Maria etwas ungeduldig nach.

»Ich denke, wir können zwei Kennzeichen heranziehen«, antwortet Gloria, »zwei Dilemmata oder Zwickmühlen. Das eine ist das sogenannte existenzielle Dilemma des Kindes, und das zweite ist das Dilemma der Ohnmacht und Hilflosigkeit der erwachsenen Bezugspersonen. Wenn Jugendliche zur Lösung ihres Problems, zur Erfüllung eines ihrer grundlegenden Bedürfnisses (Autonomie, Unabhängigkeit bei gleichzeitiger Geborgenheit und Sehnsucht nach außergewöhnlicher Kompetenz) eine problematische Verhaltensweise zeigen wie etwa einen aggressiven Durchbruch, einen Einbruch, gewalttätige Handlungen, dann meinen sie üblicherweise – das ist unsere Erfahrung am Institut für Kind Jugend und Familie – dass dies die beste Lösung sei und die einzig wahre Verhaltensweise, um zu etwas zu kommen.«

»Wir Eltern meinen das aber zumeist nicht«, fügt Maria hinzu. »Genau«, antwortet Gloria, »deswegen sanktionieren wir üblicherweise diese Verhaltensweise, und genau dann sitzt der Jugendliche, zumindest seiner Meinung nach, in der Falle. Das was er glaubt, was am besten funktioniert (Lügen, Drogen nehmen und so weiter) wird von uns Erwachsenen am meisten sanktioniert. Das nennen wir dann ein existenzielles Dilemma des Jugendlichen. Er kann nicht vor und nicht zurück und fühlt sich oft völlig unverstanden.«

»Das ganze passiert oft unbewusst«, fügt Herwig noch hinzu. »Aufbauend auf der übergroßen Emotionalität des Jugendlichen und den noch nicht ausgereiften Einsichts- und Kontrollmöglichkeiten, wenn sie an das noch nicht reife Großhirn unserer Teenager denken.«

»Und folgerichtig«, ergänzt Mario, »probieren sie wohl einfach vom gleichen Verhalten zu viel, und das eskaliert, wird unerträglich, kaum aushaltbar. Genau das erlebe ich immer wieder mit meinem Sohn. Wenn er nicht zuhause bleiben will, dann läuft er einfach weg und meldet sich nicht mehr und macht irgendeinen Blödsinn, indem er etwas kaputt macht.«

»Wir sollten dies allerdings nicht einfach als psychopathische Handlungen abqualifizieren. Wir wissen ja, das Gehirn des Jugendlichen ist im Umbau, eine riesige Baustelle. Zum einen ist das Verhalten aus verständlichen Gründen unentschuldbar, zum anderen versuchen sie damit tiefliegende psychologische Wünsche und Bedürfnisse zu befriedigen. Und wir können auch optimistisch sein – unserer Erfahrung nach ist dies immer wieder schnell veränderbar«, beruhigt Herwig.

»Wenn wir nur die richtigen Verhaltensweisen wissen würden, wie wir reagieren sollen oder wie wir handeln sollen«, sagt Jacqueline.

»Passieren tut meistens etwas anderes«, fügt Hermann hinzu, »ich kenne das von meiner Tochter. Wenn sie so einen schweren Übergriff begeht, dann gerate ich oft in Rage und sanktioniere alles. Das tut mir dann leid und lasse wieder alles schleifen.«

»Das ist der beste Weg, in die elterliche Hilflosigkeit und Ohnmacht zu geraten«, meint Herwig, »und damit wären wir beim zweiten Dilemma. Eltern wollen oft das Beste und geraten mehr oder minder unbewusst und automatisch in einen immer weiter eskalierenden Teufelskreis. Wir verlieren dann die Zuversicht und glauben nicht mehr an uns.«

»Es ist ein scheußliches Gefühl«, so Ivetta, »wenn wir so

ohnmächtig sind und nicht mehr aus noch ein wissen, weil nichts mehr funktioniert. Dann möchte ich am liebsten alles wegwerfen und weglaufen.

»Und was kann man da nun machen, lieber Herr Psychologe?«, fragt Klaus etwas spitz. »Richard Lerner, der amerikanische positive Entwicklungspsychologe empfiehlt zunächst einmal zwei Dinge«, antwortet Herwig.

»Erstens, legen Sie die Regeln fest und weisen Sie auch auf gesetzliche Bestimmungen hin. Stellen Sie unmissverständlich klar, dass gewisse Verhaltensweisen wie etwas stehlen, Hassliteratur verteilen und so weiter die Grenze überschreiten und nicht toleriert werden können. Begehen Sie bitte nicht den Fehler, Ihren Jugendlichen für die Nichteinhaltung eherner Regeln, die etwa bei Einbruch, Vergreifen an Eigentum, Gewalt gegen Leib und Leben gelten, zu verteidigen. Stehen Sie ihm bei, aber ersparen Sie ihm die Konsequenzen nicht.«

»Ja, was mach ich nun«, fragt Ivetta, »wenn meine Tochter bei einem Diebstahl im Modekaufhaus erwischt wird und ich gerufen werde?«

»Sie könnten vier Punkte beachten«, antwortet Gloria.

- Stellen Sie sicher, wenn Sie im Kaufhaus ankommen, dass niemand herumbrüllt und herumschreit und dass Ihre Tochter auch sicher ist. Auch wenn sie einen Diebstahl begangen hat, hat sie das Recht, mit Würde behandelt zu werden. Respektieren Sie genauso die Würde und Rechte der Kaufhausangestellten.
- Zweitens, versuchen Sie, die Ernsthaftigkeit zu begreifen. Sie kommen im Kaufhaus nicht gut an als Elternteil eines engelhaften Teenagers, dem ein Missgeschick passiert ist. Das, was Sie wollen ist, dass Ihre Tochter begreift, dass sie nun in echten Problemen steckt.
- Drittens, das nächste, was Sie nun tun sollten, ist mit Ihrer Tochter zu sprechen. Das können Sie vor dem Polizisten im

Kaufhaus machen oder mit ihr alleine. Achten Sie darauf – und dies empfiehlt auf jeden Fall der amerikanische Neurobiologe Daniel Siegel –, dass Sie mit Ihrer Tochter einen emotional positiven Kontakt haben und bitten Sie dann die Situation aus ihrer Sicht zu erzählen. Sie mag dann für das Erste lauthals ihre Unschuld beteuern und sagen, dass alles ein schreckliches Missverständnis ist und dass sie das alles gar nicht so gewollt habe. Lassen Sie sich davon nicht beirren. Ihre Aufgabe ist, ein möglichst klares Bild von der Situation zu bekommen. Insistieren Sie darauf, dass sie das erzählt, was sich tatsächlich zugetragen hat, die Fakten. Sagen Sie ihr, dass es jetzt am meisten nützt, wenn sie offen und ehrlich ist. Versichern Sie ihr, dass Sie bei Offenheit und Ehrlichkeit nicht weiter in Schwierigkeiten geraten wird, sondern dass dies der erste Schritt aus der Schwierigkeit heraus ist. Sagen Sie ihr, dass Sie sie sehr gern mögen, ja lieben, aber dass es sich eindeutig um eine sehr ernste Situation handelt, da die Gesetzesübertretung, der Diebstahl, auch auf Video aufgezeichnet ist. Seien Sie geduldig und bitten Sie immer wieder, die Situation zu erzählen. Machen Sie auch in respektvollen Worten klar, dass es Ihre Pflicht ist, in dieser Situation auf der Seite des Gesetzes zu stehen. Dass Sie sie unterstützen werden, aber dass Sie nicht die Situation für sie lösen können. Zeigen Sie mögliche Reaktionen des Kaufhausbesitzers auf: Er nimmt eine Entschuldigung an und lässt es gut sein, er erstattet eine Anzeige – versuchen Sie dies nicht zu verhindern, sondern begleiten Sie Ihren Teenager.

- Viertens mag das der Punkt sein, wo Ihre Tochter einlenkt, nicht zuletzt auch deshalb, weil sie Vertrauen zu Ihnen hat und die ganze Sache einfach gesteht. Das kann der Anfang sein, um gleich eine Lösung in Form einer Wiedergutmachung zu finden. Sollte das nicht der Fall sein, versuchen Sie nicht weiter die Situation zu lösen. Sagen Sie Ihrem Teenager, dass dies eine ernste Situation ist und dass es weiterer Schritte bedarf, diese Situation zu klären. Teilen Sie Ihrem Teenager mit, dass vor allem er Wichtiges zur Klärung dieser Situation beitragen kann.

Etwas zweites, Entscheidendes dürfen Sie, unserer Meinung nach, nicht vergessen. Dämonisieren Sie Ihr Kind nicht, wenn es ein Verhalten an den Tag gelegt hat, das jenseits der Grenze liegt.

Wenn Ihr Kind in Schwierigkeiten ist, dann braucht es Ihre Aufmerksamkeit, Ihr Mitgefühl, Ihre Sorge und Ihre Kompetenz, nicht Ihre Verdammung. Es ist nur allzu leicht, das Ganze auf ungünstige genetische Dispositionen zurückzuführen, weil der väterliche Großvater auch schon so gewesen sei, oder auf das Faktum, dass er oder sie einfach vom Teufel besessen sei. Es ist auch nur allzu leicht, bei solchen Schwierigkeiten Trost in einer medizinischen oder kinderpsychiatrischen Diagnose zu finden. Das ist unserer Erfahrung nach oft auch ein wichtiger Vorwand, eine Art Erlaubnis, um sich als Elternteil nicht mit der Situation konfrontieren zu müssen, um aus ihr flüchten zu können. Ihr Teenager braucht Sie aber. Gerade hier. Und es erfordert wohl auch, dass Eltern stark und souverän sind und nicht verzweifelte Kraftakte vollführen«, so Gloria.

»Naja, naja«, wirft Hermann skeptisch ein, »das ist schön gesagt. Stark und souverän sein, nur in der Situation, wo dein Kind dir die größten Schwierigkeiten macht und regelmäßig alle Grenzen überschreitet, ist das alles andere als einfach. Wie wird man denn da stark und souverän?«

»Nun, es gibt hier schon einen Ansatz, der Eltern stark und souverän macht«, antwortet Herwig. »Dieser Ansatz kommt von dem israelischen Psychologen Haim Omer. Wir nennen ihn ›Neue Autorität‹.

Neue Autorität ist ein systematisches Konzept, das es Eltern ermöglicht, aus dem oft eintretenden Dilemma der Hilflosigkeit heraus zu kommen, die Beziehung zu ihren schwierigen Kindern aufrecht zu erhalten, selbstbewusst erzieherische Aufgaben wahrzunehmen und dies ohne Gewalt. Neue Autorität verwendet, ähnlich wie von Richard Lerner beschrieben, einen *autoritativen* Erziehungsstil. Dies meint, dass es in der Erziehung klare Regeln braucht. Diese Regeln machen die Eltern. Sie sind klar und transparent und werden den Kindern auch erklärt. Die Eltern übernehmen die Verantwortung für ihr Tun und wissen, dass sie nur ihr Verhalten kontrollieren können, aber nicht das Verhalten des Kindes. Autoritäre Erziehung verwendet im Gegensatz dazu nicht nachvollziehbare Regeln, die oft nur im Interesse des Erziehers liegen. Sie setzt auf Bestrafung, oft auch körperliche, auf Zwang und Nötigung. Autoritäre Erziehung hat keinen Platz für eine Perspektive des Kindes oder des Teenagers.«

»Was ist denn der Clou bei dieser Neuen Autorität?« »Meiner Meinung nach gibt es beim Konzept der Neuen Autorität zwei entscheidende Punkte«, erklärt Herwig. »Erstens, gib nie die positive Beziehung zu deinem Kind auf. Es mag noch so schlimm sein, aber vermittle deinem Teenager nie, dass du ihn nicht mehr magst, nicht mehr liebst. Du liebst ihn als Menschen, sein Verhalten macht dir Sorgen und das akzeptierst du nicht.«

»Pflege immer diese grundsätzliche, positive Beziehung zu deinem Kind«, fügt Gloria noch hinzu. »Ganz so, wie es uns auch die Überlegungen der Positiven Psychologie nahelegen. Der zweite entscheidende Punkt ist, dass du als Elternteil nicht allein bleibst, sondern dir Unterstützung organisierst und um Unterstützung bittest. Alleine kommst du aus so schwierigen Situationen nicht heraus«, weiß Herwig zu berichten. »Dafür haben wir viele Beispiele am Institut. Mit Hilfe geht es viel leichter.«

Gloria: »Helfen können sich die Eltern gegenseitig, die Großeltern, Freunde, gute Bekannte, Verwandte, Paten, auch

Lehrerinnen und Lehrer und so weiter. Bitte achten Sie darauf, dass Sie um diese Hilfe bitten. Fordern Sie sie nicht kategorisch ein, sie muss freiwillig sein.«

»Lassen Sie Ihr Kind wissen«, setzt Herwig fort, »dass Sie sich Hilfe organisieren werden. Das ist kein Zeichen von Schwäche, sondern viel eher eines von Stärke. Und wenn Ihre Kinder wissen, dass Sie sich Hilfe organisieren, reduziert sich das problematische Verhalten schnell um 30–40 Prozent. Das sind unsere Erfahrungen.«

»Klingt einleuchtend«, meint Ivetta. »Wenn ich Unterstützung habe, kann ich entschlossener und mutiger sein. Was ich aber nicht brauche, sind lästige Querrufe, dass ich eine schlechte Mutter bin und versagt habe. Etwa von Lehrern oder gut meinenden Beratern.«

»Sehr gut gesagt«, pflichtet Gloria bei. »Im solidarischen Zusammenschluss mit anderen, so geschwollen das auch klingen mag, wächst unser Mut als Eltern, wächst Souveränität und Stärke. Sie entwickelt sich daraus und so wächst unsere Entschlossenheit, um unser Kind zu kämpfen und nicht gegen es.« »Ja, kämpfen darum! Das ist ein guter Ausdruck«, pflichtet Mario bei. »Denn, wie schon gesagt, erzwingen können wir es ja nicht. Aber wir können entschieden sein. Zuversicht und gut drauf sein durch ein positives Netzwerk. So ähnlich denkt ja die Positive Psychologie auch, oder?«

»Durchaus und die Neue Autorität nennt das Präsenz«, ergänzt Herwig. »Präsenz meint zunächst, dass Sie als Eltern davon überzeugt sind, dass Sie etwas bewirken können. Des Weiteren sind Sie davon überzeugt, dass sich Ihr Kind entwickeln und verändern kann.

Drittens sind Sie überzeugt, dass Sie Ihrem Kind etwas zumuten können: nämlich klare, eindeutige Botschaften. Sie verzichten nicht ängstlich auf solche Botschaften, weil Sie aufgrund der Erfahrungen der letzten Zeit Angst haben, dass wieder etwas passieren könnte.« erläutert Gloria.

»Und wie lautet dann die Botschaft der Präsenz gegenüber unseren Teenagern?«, fragt Jacqueline.

Gloria: »Du bist unser Kind, wir lieben dich und wir werden immer für dich da sein. Wir machen uns Sorgen, weil dein Verhalten die Grenzen des Erlaubten überschreitet. Das kann so nicht weitergehen. Wir haben daher beschlossen, uns dagegen zu wehren und uns dafür Unterstützung zu holen. Wir machen das, weil dies unsere Pflicht ist. Nicht weil wir dich besiegen oder demütigen wollen. Wir lieben dich, aber du musst wissen, wir werden Widerstand leisten. Wir kämpfen um dich, nicht gegen dich.«

»Wichtig ist«, fügt Gloria auch noch hinzu, »dass dies vor allem auch Sätze für unser Selbstbewusstsein als Eltern, für unsere Stärke sind. Und wir haben die Erfahrung, dass es gerade dieses positive Angebot unseren Kindern ermöglicht, eine konstruktive Auseinandersetzung bei Grenzüberschreitungen aufzunehmen, also im besten positiv psychologischen Sinn beziehungsfördernd ist. Die Haltung der Präsenz ermöglicht es beiden Teilen, verbunden zu bleiben und genau auf das kommt es an.«

»Also Widerstand leisten?«, fragt Mario zweifelnd nach, »Nicht mehr? Keine Konsequenzen?«

»Noch mal. Das Wichtigste ist unsere klare, unmissverständliche Botschaft. Es hilft nicht, wenn wir drohen, verhandeln, versprechen, weg schauen, uns heimlich beklagen. Unsere Teenager müssen wissen, dass wir wachsam sind, dass wir informiert sind über ihr Tun, dass wir unsere Pflicht erfüllen werden. Und in Erfüllung unserer Pflicht auch einseitige Schritte setzen werden«, verdeutlicht Gloria.

»Was sind denn einseitige Schritte?«, fragt Maria nach.

»Einseitige Schritte können durchaus Verbote sein, wie ein Ausgehverbot, oder Maßnahmen, dass man einen Computer entfernt oder Kontaktaufnahme zur Schule.«

»Also doch wieder das gleiche, nur im neuen Kleid«, lächelt

Ivetta hintergründig. »So würde ich das nicht sehen. Wir setzen Maßnahmen, aber wir Eltern machen daraus keinen Machtkampf und keinen Entscheidungskrieg. Das ist nicht das Thema. Wir trauen unseren Kindern zu, dass sie Maßnahmen ertragen können und mit ihnen auch umgehen können. Wir trauen ihnen zu, dass sie begreifen, dass es an ihnen liegt, Lösungen zu finden. Unsere Teenager sollen handeln, nicht wir für sie«, fügt Herwig hinzu.

»Welche Formen des Widerstandes gibt es denn?«, fragt Klaus, nun neugierig geworden.

»Wir kennen zunächst vor allem drei«, antwortet Gloria. »Der Kreis von Unterstützerinnen und Unterstützern, Ankündigung und Sit-in. Und alle Formen sind, das ist entscheidend, gewaltlos. Um gut Widerstand leisten zu können, müssen Sie informiert sein. Das brauchen Sie und ist eigentlich schon die erste Form Ihres Widerstandes. Also knüpfen Sie ein Informationsnetz, seien Sie informiert, wo Ihr Teenager ist. Normalerweise wissen Sie das ja sowieso. Bringen Sie die Telefonnummern seiner Freunde in Erfahrung, finden Sie heraus in welchen Lokalitäten er sich aufhält. Üblicherweise freuen die jungen Menschen und Freunde Ihres Kindes sich sogar, ihre Telefonnummern weiter zu geben. Und: Wenn Sie informiert sind, können Sie ganz anders souverän handeln, als wenn Sie auf die oft ungenügenden und dünnen Nachrichten Ihres Sohnes oder Ihrer Tochter angewiesen sind.«

»Ja, dieses Informationsnetz«, so Mario, »ist wirklich Goldes wert, und es ist gar nicht so schwierig, dies zu bekommen. Als ich gewusst habe, dass ich Hilfe habe, war es gleich noch leichter. Manche Informationen habe ich vom Großvater, also meinem Vater, bekommen, und es war auch ganz klar, dass mein Vater diese an mich weitergeben würde, als er meinen Sohn gefragt hat.«

»Da sind wir ja schon fast beim Kreis der Unterstützerinnen und Unterstützer!«, fährt sich Herwig wieder ein. Das sind die

Personen, die die Eltern bei ihrer Erziehungsaufgabe unterstützen. Die Ehefrau, die Großeltern, Verwandte, Nachbarn, Freunde Ihres Teenagers, der Pate, die Lehrerin oder der Lehrer, der Trainer des Sportvereins usw.«, erklärt Gloria. »Wichtig ist es, diese Personen um Unterstützung zu bitten, nicht sie von ihnen einzufordern. Unterstützung ist dann sehr hilfreich, wenn sie freiwillig ist, und – das ist sehr wichtig – von Ihnen auch als Hilfe erlebt wird.«

»Schon klar, das leuchtet ein«, lächelt jetzt Hermann. »Und was tun die dann?«

»Unterstützer können Vermittler sein, Aufsichtsfunktionen erfüllen, Kontakt zum Teenager halten und herstellen, Vorbild sein, Unternehmungen durchführen und, und, und … Unterstützer müssen auch nicht vor Ort sein. Oft ist es extrem unterstützend, wenn der Onkel aus Amerika (Gloria lacht) einmal im Monat Ihren Teenager anruft, oder ein E-Mail schreibt. Wichtig ist, dass diese Personen das freiwillig machen und Sie unterstützen, damit Sie einen guten Job machen können, nicht um Sie zu belehren und Ihnen zu sagen wie es besser wäre«, erklärt Gloria.

»Und organisiert wird das in einer sogenannten Unterstützerkonferenz. Das ist ein Treffen der Unterstützer vor Ort, also in Ihrer Wohnung, in Ihrem Haus, es kann auch in der Schule sein, wo die Art und Weise der Unterstützung festgelegt wird, wer was macht. Sie laden dazu die Erwachsenen ein, nicht die Teenager. Die wissen davon und werden vom Ergebnis informiert. Erwachsene, die nicht dort sein können, sind per E-Mail oder per Handy dabei.«

»Zugegeben, es ist ganz schön herausfordernd, so etwas zustande zu bringen«, merkt Herwig an, »aber es ist fantastisch, wie Eltern aus solchen Konferenzen gestärkt herausgehen, auch Lehrerinnen und Lehrer schätzen das sehr, wenn in der Schule solche Konferenzen durchgeführt werden. Und die Teenager sind brennend an den Ergebnissen interessiert. Plötzlich ist Kommunikation kein Thema mehr.«

»Raffinierte positive Beziehungsarbeit ist das, und hocheffektive dazu«, ist Hermann nun sichtlich überzeugt.

»Und was ist nun eine Ankündigung?«, fragt Maria »Die Ankündigung ist entschiedene positive Kommunikation nach Haim Omer. Das ist ein positiv gehaltener Brief an Ihren Teenager, in dem Sie deutlich ankündigen, dass es so nicht weiter gehen kann«, beginnt Herwig.

»Das Entscheidende bei der Ankündigung ist, dass Sie die Ankündigung selbst verfassen, die Eltern möglichst gemeinsam. Der Prozess, dass Sie gemeinsam einen Ankündigungsbrief schreiben, stärkt Sie, macht Sie entschlossen und klar. Er drückt dann unmissverständlich Ihr Anliegen und Ihre aus«, antwortet Herwig.

»Und was sollte da drinnen stehen, in so einem Ankündigungsbrief?«, fragt Maria. »Eine ideale Form«, so Gloria, »wäre«:

»Lieber Johannes, wir sind deine Eltern und wir lieben dich über alles. Wir freuen uns, dich in unserer Familie zu haben. Besonders freut uns deine Sportlichkeit (oder ein anderes Kompliment). Was uns aber Sorgen macht, sind deine Gewalttaten anderen gegenüber und deine Respektlosigkeiten (bitte schreiben Sie hier nie mehr als zwei wichtigsten problematische Verhaltensweisen hin). Wir haben beschlossen, dass wir gegen dein Verhalten Widerstand leisten werden und uns ebenfalls entschlossen, uns dafür Unterstützung zu holen. Wir wollen dich damit nicht demütigen, das ist unsere Pflicht als Eltern. In Liebe, deine Eltern.«

»Und dann?«, fragt Jacqueline. »Ja dann«, so Herwig, »suchen Sie sich einen guten Zeitpunkt aus, setzen sich mit Ihrem Teenager zusammen, öffnen den Brief, lesen ihm diesen Brief langsam und laut vor und übergeben ihn.«

»Damit er ihn dann in tausend kleine Stücke zerreißt?«, fragt Ivetta nach.

»Das kann vorkommen, dass der Brief zerrissen wird. Üblicherweise, unseren Erfahrungen nach aber nicht«, beruhigt Herwig.

»Und außerdem haben Sie ja einen zweiten Brief parat. Der macht dann meistens mächtig Eindruck, so wie bei Marco, dem 15-Jährigen, der unerträglich und gewalttätig seiner Mutter gegenüber war. Den zweiten hat die Mutter an seine Zimmertür geklebt, dort hing er dann wochenlang«, fügt Gloria hinzu.

»Und das genügt?«, fragt Klaus nach.

»Unserer Erfahrung nach hat es großen Einfluss. Das problematische Verhalten reduziert sich vor allem dann, wenn Sie einen guten Unterstützerreis um sich herum haben. Da gibt es dann immer wieder Möglichkeiten, dass Helfer mit Ihrem Sohn oder Ihrer Tochter über die Problematik reden und ihn ermutigen, eine Lösung zu suchen, wie wir ja vorher besprochen haben. Wenn Ihr Teenager weiß, dass Sie Hilfe haben, reduziert sich sein problematisches Verhalten meist deutlich«, bekräftigt Herwig.

»Und scheuen Sie sich auch nicht, Öffentlichkeit herzustellen. Die Öffentlichkeit ist der Feind des Symptoms. Wenn Sie Angst haben und sich genieren, die Öffentlichkeit zu suchen, ist das verständlich. Aber Sie können getrost davon ausgehen, vor allem wenn Ihr Kind eine gewisse Zeit lang bereits ein problematisches, über der Grenze liegendes Verhalten zeigt, dass es der ganze Stadtbezirk, Ihre Schule oder das ganze Dorf weiß. Öffentlichkeit macht stark. Transparenz, Öffentlichkeit und Kooperation unterbinden Lügenspiele und so weiter.«

»Genau diese Erfahrung habe ich gemacht«, meint Jacqueline, »Ich habe mit der Lehrerin meiner Tochter einen sehr guten Kontakt, seither gibt es keine Probleme mehr mit den Hausaufgaben.« »Warum?«, fragt Klaus. »Ja, weil ich die Aufgaben schon weiß, bevor meine Tochter nach Hause kommt und mir erklären will, dass sie heute keine auf hat«, antwortet Jaqueline.

Dann erklärt Gloria. »Das Sit-in ist eine sehr entschiedene Form des gewaltlosen Widerstands, es kommt von Mahatma Gandhi, dem Führer der indischen Unabhängigkeitsbewegung. Das Sit-in ist eine gut vorbereitete Aktion auf einen besonders gravierenden Vorfall hin. Wählen Sie einen guten Zeitpunkt und besetzen dann gemeinsam mit Ihrem Mann oder Partner das Zimmer Ihres Teenagers.

Sagen Sie: *Wir sind hier, weil uns dein Verhalten große Sorgen macht. Wir sind hier, um auszudrücken, dass wir das nicht hinnehmen. Wir warten auf deine Lösungen.*

»Das ist aber ganz schön herausfordernd«, meint Mario.

»Ja natürlich, eigentlich ist es im Sinne der Positiven Psychologie ein kleines Projekt das größer ist als Sie selbst. Und deswegen will das auch gut vorbereitet sein«, antwortet Gloria und fährt dann fort: »Wenn Sie das gesagt haben, was wir gerade beschrieben haben, dann schweigen Sie für die nächste halbe Stunde eisern. Lassen Sie sich nicht beirren.«

»Wenn Ihr Kind aufstehen will«, so Herwig, »halten Sie es nicht gewaltsam fest. Wenden Sie selber auch keine Gewalt an. Schützen Sie sich allerdings, wenn Ihr Kind Ihnen gegenüber in einer solchen Situation gewalttätig wird. Was uns im Übrigen nie passiert, wenn das Sit-in gut vorbereitet wird.«

»Und wenn der Teenager den Raum wirklich verlässt?«, fragt Mario.

Gloria: »Dann verlässt er die Aktion, dann verlässt er eben den Raum. Die Aktion wirkt trotzdem positiv, vor allem auch auf Sie, weil Sie plötzlich feststellen, wie beharrlich Sie sein können. Und Ihr Teenager wird erstaunt sein, wenn vor dem Raum seine Großmutter steht und ihn fragt, was hier nun los sei.«

»Holen Sie sich durchaus manchmal jemand Dritten hinzu, der dem Kind vertraut ist. Das stärkt Sie ungemein.« »Ja«, sagt Klaus, »ich habe schon einmal unter eurer Anleitung ein solches Sit-in durchgeführt. Unglaublich intensiv, unglaublich konzentriert und eines sage ich euch: Das Wichtigste ist, wenn ihr die Botschaft gesagt habt, dass ihr auf keinen Fall ein Wort redet. Vom Schweigen kommt die Stärke der souveränen positiven Botschaft. Und wenn das Sit-in gemacht worden ist, dann gibt es ein ganz eindeutiges Gefühl der Stärke. Ja, dann haben wir was gemacht, was größer ist als wir selbst, also etwas hoch sinnvolles, wie es die Positive Psychologie meint.«

»Zwei entscheidende Elemente gibt es noch«, sagt Gloria. »Das eine nennen wir Beziehungsgesten. Egal wie schwierig die Situation ist, setzen Sie Ihrem Kind gegenüber immer irgendwelche liebevollen Gesten, wie etwa ein liebevolles Wort, ein Lieblingsessen oder einfach nur Zeit, damit Ihr Teenager weiß, dass Sie ihm verbunden sind, dass Sie ihn, egal was passiert, auch weiterhin mögen werden.«

»Das ist Positive Psychologie pur«, setzt Jacqueline hinzu, ich kenn mich schon aus. »Das sind sogenannte Akte der Freundschaft, Acts of Kindness, wie die Amerikaner sagen.«

»Ja, ganz genau«, meint Herwig. »Positive Psychologie wirkt genau in diesem Kontext.«

»Und das zweite, was Sie noch dazu brauchen, ist die sogenannte Wiedergutmachung durch Ihren Teenager. Schwieriges, grenzüberschreitendes Verhalten braucht viel mehr Versöhnung und Ausgleich anstatt Strafe und Härte«, fährt Gloria fort. »Ihr Kind richtet ja mit seinem Verhalten nicht nur bei einem Lehrer oder einem der Elternteile Schaden an, sondern es schädigt die ganze Familie, die ganze Gemeinschaft. Dies braucht Versöhnlichkeit, eine der Grundtugenden der Positiven Psychologie, und eine konstruktive Wiedergutmachung«, erläutert Herwig.

»Was sind nun solche Akte der Wiedergutmachung?«, fragt Maria.

»Wiedergutmachung ist keine öffentliche Strafsanktion, bei der Ihr Teenager blamiert, erniedrigt und gedemütigt wird. Kein öffentliches auf der Straße den Boden wischen oder so«, sagt Herwig, sondern es sind Handlungen Ihres Teenagers, die er oder sie zum Wohle der sozialen Gemeinschaft erbringt. Etwa in Ihrer Familie, aber auch in der Schule, wenn es hier grob übergriffiges Verhalten gegeben hat«, antwortet Gloria. »Zum Beispiel Mithilfe im Haushalt, Aktivitäten zur Aufrechterhaltung des familiären Betriebes, wie auf kleinere Geschwister aufpassen oder Teilnahme an Reparaturarbeiten zu Hause«, erläutert Gloria.

»Aber auch etwas, was wir als sogenannte Sozialleistungen in öffentlichen Einrichtungen kennen. Ein Junge hat sich zum Beispiel für Schach als Wiedergutmachung entschieden, weil er ein sehr guter Spieler war und dies in der großen Pause seiner Schule anbieten konnte«, fährt Gloria fort, »Dies war so erfolgreich, dass das Schachspiel in der Pause mit diesem Teenager fixer Bestandteil des Schulalltags geworden ist.«

»Und es hat ihn wohl wieder mitten in die Gemeinschaft zurück katapultiert«, so Hermann. »Das ist der Sinn von Wiedergutmachungen, die soziale Wiedereingliederung zu schaffen. Einfache Entschuldigungen sind hier zu wenig. Es braucht konstruktive Handlungen, bei denen soziale Verantwortung übernommen wird, also positive Herausforderungen.«

»Dürfen wir bei dieser Arbeit unsere Teenager unterstützen?«, fragt Klaus.

»Durchaus«, antwortet Gloria, »es geht schon beim Vorbereiten der Wiedergutmachung um das Gemeinsame, um soziale Beziehungen. Wie wichtig das ist, haben wir schon im Kapitel über die Bedeutung sozialer Beziehungen zur positiven Entwicklung unserer Jugendlichen gesehen.«

»Ja ich glaube«, sagt Mario, »damit könnte mein Sohn umgehen. Das ist viel besser, als einfach abgestraft zu werden und in der Ecke zu stehen.«

»Das ist die Möglichkeit, dass sie ihr Gesicht wieder bekommen und wir Eltern unseren Stolz, unsere Würde und unsere Souveränität wieder erlangen«, fügt Herwig hinzu.

Wir Psychologen und Therapeuten sind die Professionals,

die Ihnen die Möglichkeiten der Positiven Psychologie und der neuen Autorität entdecken helfen, damit Sie stark und souverän handeln können. So kann Ihr Kind dann bestmöglich sein Potential entfalten und eine positive Entwicklung nehmen«, sagt Herwig.

Und Gloria weiter: »Sie brauchen keine Psychologen und Therapeuten, die Ihnen sagen, wo es lang geht und Sie womöglich noch beschuldigen und allein im Therapiezimmer mit Ihrem Kind, Ihrem Teenager arbeiten. Sie brauchen Psychologen und Therapeuten, die Sie informieren und dann bei der Ausarbeitung der Lösungen, die für Sie gut sind, unterstützen.«

»Oft haben Kinder große Ängste, Sorgen und Schuldgefühle, häufig sind sie auch durch Vorkommnisse traumatisiert. Dann ist es oft notwendig und sehr hilfreich, dass ein gelernter, ein geschulter Psychologe und Psychotherapeut einfühlsam, aber immer in eine positive Richtung gehend eingreift und mit dem Kind Handlungsmöglichkeiten erarbeitet. Mehr als ein Aufarbeiten der Vergangenheit ist dabei die Entwicklung der Zukunft von Bedeutung. Oft braucht es auch fachgerechte Hilfe, wenn Ihr Kind an einer Behinderung leidet, die möglicherweise auffälliges Verhalten begünstigt, oder an einer schweren psychischen Erkrankung, wie beispielsweise einem autistischen Syndrom, einem hyperaktiven Syndrom oder einer kindlichen Schizophrenie. Auch Essstörungen zählen dazu und schwere Angst- und Depressionsstörungen.«

»Aber immer ist die Stoßrichtung und die Aufgabe für Psychologen und Therapeuten die gleiche: Sie sind Wegbereiter, Unterstützer, Potentialentfalter. Sie sollen Ihnen helfen, dass Sie zum Experten für das problematische Verhalten Ihres Kindes werden, dann können Sie eine positive Lösung finden«, merkt Gloria an. »Auch Richard Lerner erachtet es für sinnvoll, dass Eltern zu Experten für ihr Kind werden, damit das Kind dann ein Experte mit ihrer Unterstützung für seine eigene Entwicklung werden kann.«

»Wo finden wir solche Therapeuten?«, fragen Mario und Maria fast unisono. »Hören Sie sich in Ihrer Umgebung um, fragen Sie lieber zweimal, informieren Sie sich über Behandlungsmöglichkeiten. Sie spüren sofort, wenn Sie in Sorge sind und Ihr Kind in Schwierigkeiten steckt, ob ein Therapeut bereit ist zu vernetzen, Informationen auszutauschen oder unter fragwürdiger Vorschützung der Verschwiegenheitspflicht einen einsamen Job mit Ihrem Teenager in seinem Therapiekämmerchen macht. Sie sind kompetent und Partner auf Augenhöhe, und so kann es auch ihr Teenager werden, wenn es darum geht, dass er oder sie seine Probleme löst und die positive Entwicklung fortsetzt.«

Tipps für Eltern und Jugendliche

So werden Sie als Eltern stark und souverän. Positive Übungen für schwierige Erziehungssituationen, und nicht nur für diese.

Die hier vorgestellten Tipps und Übungen haben sich neben den in diesem Kapitel vorgestellten Selbstkontrollmaßnahmen von Haim Omer für das Wieder-Erstarken von Eltern in schwierigen Erziehungssituationen in der Praxis des Instituts für Kind, Jugend und Familie als äußerst effektiv erwiesen. Sie wurden auch schon in den vorigen Kapiteln vorgestellt. Ich fasse sei hier nochmals übersichtlich zusammen, um ihr enormes Unterstützungspotential zu verdeutlichen.

1. Entwickeln Sie Ziele für Ihren erzieherischen Alltag. Beginnen Sie dabei vielleicht damit, sich auf einem Blatt Ihre Lebenshighlights, Ihre Erfolge in ihrem bisherigen Leben aufzulisten und setzen Sie sich dann attraktive Ziele für die Zukunft. Verwenden Sie dazu auch die Anregungen aus den Kapiteln 6 oder 7.

2. Lernen Sie Ihre Stärken kennen, indem Sie andere dazu befragen, wie auch bereits in Kapitel 5 ausgeführt, oder indem Sie den Fragebogen auf <u>www.charakterstärken.</u> <u>org</u> zu Ihren persönlichen Stärken ausführen. Finden Sie Möglichkeiten, wie Sie jeden Tag eine dieser Stärken auch in der Erziehung ausprobieren können.

3. Erzählen Sie Ihre Erfolgsgeschichte. Suchen Sie sich ein Gegenüber, am besten Ihren Mann oder Ihre Frau oder einen Bekannten, dem Sie erzählen, was an diesem Tag gut gelaufen ist. Das tut gerade bei Schwierigkeiten gut.

4. Dankbarkeit strahlt zurück. Danken Sie denen, die Sie auch in den schwierigen Erziehungssituationen unterstützen, für ihre Tätigkeit. Aber auch ihren Teenagern. Machen Sie das öfters und regelmäßig. Lassen Sie niemanden aus, sei er auch noch so klein und unbedeutend. Schreiben Sie Dankesbriefe.

5. Aller guten Dinge sind Drei. Notieren Sie sich jeden Tag in einem persönlichen Erfolgstagebuch, was heute erzieherisch gut gelaufen ist und warum. Nehmen Sie sich diese zehn Minuten Zeit am Tag, mehr braucht es nicht.

6. Realisieren Sie Ihre größten Stärken. Finden Sie heraus, wo Sie am besten sind, zum Beispiel beim verantwortungsbewussten Führen, bei sozialer Kommunikation, bei der Kreativität, und suchen Sie Möglichkeiten, dies in der Kindererziehung zu realisieren. Zum Beispiel, indem Sie daran denken oder neue Möglichkeiten und Wege mit ihren Kindern ausprobieren.

7. Suchen Sie sich drei innere Begleiter. Nehmen Sie sich die Zeit, um drei Vorbilder zu finden, möglicherweise auch im Gespräch mit anderen, die Sie innerlich in herausfordernden Situationen begleiten. Rufen Sie Ihre inneren Stimmen ab, versichern Sie sich, dass Sie auch in schwierigen Situationen verfügbar sind, indem Sie dies

an Ihren Körper ankern oder über ein Symbol mit sich verbinden. Ankern geht so, dass Sie sich diese positiven Stimmen vorstellen und dann einen Körperteil berühren. Wenn Sie dann später diesen Körperteil wieder berühren, kommen mit einiger Übung diese positiven Stimmen automatisch wieder.

8. Üben Sie sich gerade jetzt in der Vergebungspraxis. Deshalb nochmals das Ritual. Vergeben gelingt dann am besten, wenn Sie sich in die Situation des anderen, dem Sie vergeben sollen, einfühlen können. Machen Sie die folgenden fünf Schritte:

- Rufen Sie sich als erstes zunächst die Situation der Kränkung herbei.
- Fühlen Sie sich zweitens in die Situation ein.
- Treffen Sie drittens für sich persönlich die Entscheidung, zu vergeben.
- Bekräftigen Sie viertens vor sich selbst, dass Sie das wollen.
- Machen sie sich fünftens klar, dass Sie dies auch in der Zukunft durchhalten und lassen das kontrollieren.

    Vergeben heißt nicht, alles ungeschehen zu machen, es ist dies eine Übung, die Sie bestärken soll. Notwendige Bestrafungen durch das Gesetz sind davon unberührt.

9. Genießen Sie gerade auch in schwierigen Situationen immer wieder auch die kleinen Freuden des Lebens, nehmen Sie sich jeden Tag einige Minuten Zeit, um etwas in der Natur zu beobachten. Genießen Sie eine Dusche, genießen Sie einen Leckerbissen.

10. Jetzt ist die Technik des *Aktiv Konstruktiven Kommunizierens* (ACR) entscheidend. Beginnen Sie jede Begegnung mit Ihrem Teenager, der möglicherweise große

Probleme macht, mit einem freundlichen Wort, einer freundlichen Begrüßung.

11. Kommunizieren Sie deeskalierend. Denken Sie daran, dass aus einer Kommunikation, die Sie mit Ihrem Teenager führen, beide mit erhobenem Haupt hervorgehen können.

12. Verzögern Sie Ihre Reaktion, wenn etwas Gravierendes passiert ist. Nur wenn es unbedingt notwendig ist und Gefahr für Leib und Leben besteht, greifen Sie sofort ein. Halten Sie aber auch da kurz inne.
Verbinden Sie sich dann emotional und stellen Sie Fragen. Verwenden Sie die Wir-Formel, dies bestärkt und deeskaliert. Um Ihre Reaktion zu verzögern, können Sie zehnmal langsam aus- und einatmen, einfach warten oder den Raum für kurze Zeit verlassen. Auf www.seligmaneurope.com finden Sie noch viele Möglichkeiten, um zu deeskalieren.

So gehen Sie als Eltern positiv und entschlossen vor, wenn es wirklich schwierig ist

1. Verzögern Sie Ihre Reaktion und deeskalieren Sie. Statt zu schimpfen und zu jammern schweigen Sie zunächst. Geben Sie höchstens diese klare Botschaft und seien Sie präsent: »Dein Verhalten ist nicht in Ordnung, wir werden dir unsere Reaktion darauf mitteilen.«

2. Organisieren Sie sich Unterstützung. Erarbeiten Sie eine Wir-Position, zumindest eine der Eltern, besser noch eine der Unterstützer.

3. Schreiben Sie einen Ankündigungsbrief, eventuell mit einseitigen Maßnahmen wie regelmäßige Gespräche und Austausch mit anderen, Beobachtung, Führung eines Begleitblattes.

4. Setzen Sie die Ankündigung konsequent um.

5. Stellen Sie Transparenz und Öffentlichkeit her. Die Öffentlichkeit ist der Feind des Symptoms.

6. Helfen Sie bei der Wiedergutmachung.

7. Sparen Sie nicht mit Gesten der Versöhnung. Vergessen Sie das bitte nie!

8. Führen Sie bei besonders gravierenden Vorfällen ein Sit-in durch.

9. Halten Sie sich immer auf dem Laufenden, was Ihr Teenager wann, wo und wie macht. Informieren Sie sich in Ihrer Umgebung, sammeln Sie Kontakte, Telefonnummern, Mailadressen.

10. Verweigern Sie sich manchmal Ihrem Teenager. Gerade bei hochschwierigen Teenagern lassen sich viele Eltern zu Kammerdienern degradieren. Beobachten Sie, wie Sie so eine kleine Befehlsverweigerung stärkt.

Das kannst Du als Teenager machen, wenn Du in Schwierigkeiten bist.

1. Wenn du etwas ausgefressen hast, etwas nicht in Ordnung ist, du eindeutig zu weit gegangen bist und Grenzen überschritten hast, spürst du das. Behalte es nicht für dich. Rede mit jemandem.

2. In schwierigen Situationen rede vor allem mit deinen Eltern. Sie sind deine wichtigsten Unterstützer und Bezugspersonen.

3. Bei Schwierigkeiten, mit den Eltern zu reden, suche dir jemanden, der vermitteln könnte. Den findest du im Kreis deiner Freunde, vor allem aber im Kreis deiner Verwandtschaft, etwa deinen Paten, den Großvater oder die Großmutter.

4. Wenn du merkst, dass du in Schwierigkeiten gerätst, etwa

weil dich wer mobbt oder deine Clique dich zu etwas nötigt, was du nicht willst, suche immer das Gespräch zu einem vertrauensvollen Erwachsenen. Versuche nicht auf eigene Faust oder gar mit Gewalt dein Recht durchzusetzen. Dies eskaliert in schöner Regelmäßigkeit zu deinem Nachteil.

5. Wenn möglich halte dich an folgende goldene Pubertätsregelung:

- Konzentriere dich auf deine Ausbildung, aber auch auf deine sozialen Erfahrungen mit Gleichaltrigen und Schülern.

- Halte dich an die mit deinen Eltern getroffenen Vereinbarungen zu Ausgangszeiten. In schöner Regelmäßigkeit, so unsere Erfahrung, verlängern sich deine Ausgangszeiten eher, als dass sie sich verkürzen.

- Sei erreichbar.

- Teile von dir aus mit, wo du hingehen wirst und wo du sein wirst. Nötige, süße, kleine Pubertätsgeheimnisse wird dies nicht beeinträchtigen. Aber so kann man dir schnell helfen, wenn du einmal wirklich in Not geraten solltest.

- Wenn etwas ganz, ganz schwierig ist, rede mit deinen Eltern. Wenn das nicht geht, nimm jemand anderen zu Hilfe, auch die anonymen Hilfsdienste für Teenager und junge Menschen, wie das Sorgentelefon.

6. Bemerke deine Einzigartigkeit, vergegenwärtige und nütze deine Stärken, finde Symbole dafür.

7. Geh zu denen, die dir gut tun, die du magst und dich unterstützen. Vertrau darauf: du merkst genau, wenn du an der richtigen Adresse bist.

8. Ertrage Niederlagen und mache sie zu Quellen der Kraft.

Empfehlenswerte Literatur zum Weiterlesen

Csíkszentmihályi, M. (2008). *Flow. Das Geheimnis des Glücks.* Stuttgart: Klett-Cotta.

Crone, E. (2011). *Das pubertierende Gehirn. Wie Kinder erwachsen werden.* München: Droemer Verlag.

Fredrickson, B. L. (2013). Love 2.0. How our Supreme Emotion Affects Everything we Feel, Think, Do and Become. New York: Hudson Street Press.

Fredrickson, B. L. (2011). *Die Macht der guten Gefühle. Wie eine positive Haltung Ihr Leben dauerhaft verändert.* Frankfurt am Main: Campus Verlag GmbH.

Hüther, G. (2013). Was wir sind und was wir sein könnten. Ein neurobiologischer Mutmacher. Frankfurt am Main: Fischer Verlag GmbH.

Lerner, R. M. (2007). *The good teen: Rescuing Adolescence from the Myths of the Storm und Stress Years.* New York: Three rivers press.

Omer, H. / von Schlippe, A. (2006). *Autorität durch Beziehung. Die Praxis des gewaltlosen Widerstands in der Erziehung.* Göttingen: Vandenhoeck & Ruprecht GmbH & Co. KG.

Omer, H. / von Schlippe, A. (2010). *Autorität ohne Gewalt. Coaching für Eltern von Kindern mit Verhaltensproblemen. »Elterliche Präsenz« als systemisches Konzept.* Göttingen: Vandenhoeck & Ruprecht GmbH & Co. KG.

Seligman, M. (2007). *Der Glücks-Faktor. Warum Optimisten länger leben.* Bergisch Gladbach: Verlagsgruppe Lübbe GmbH.

Seligman, M. (2012). *Flourish. Wie Menschen aufblühen. Die positive Psychologie des gelingenden Lebens.* München: Kösel-Verlag.

Siegel, D. J. / Bryson, T. P. (2013). *Achtsame Kommunikation mit Kindern. 12 revolutionäre Strategien aus der Hirnforschung für die gesunde Entwicklung Ihres Kindes.* Freiburg: Arbor Verlag GmbH.

Strauch, B. (2013). *Warum sie so seltsam sind. Gehirnentwicklung bei Teenagern.* München: Piper Verlag GmbH.

White, A. M. & Swartzwelder, S. (2013). *What are they Thinking. The Straight Facts about the Risk-taking, Social-networking, Still-developing Teen Brain.* New York: W.W. Norton & Company.